基于跨界地下水资源的
国际涉水条法研究

[美]加布里埃尔·埃克斯坦 著
（Gabriel Eckstein）

郭钰 卢麾 译

The International Law of
Transboundary Groundwater Resources

清华大学出版社
北京

北京市版权局著作权合同登记号　图字：01-2024-1878

Translation from English language edition:
The International Law of Transboundary Groundwater Resources
By Gabriel Eckstein
ISBN 9781138842991
Copyright© 2017 G.Eckstein
Authorized translation from English language edition published Routledge, a member of the Taylor & Francis Group. All rights reserved.
本书原版由 Taylor & Francis 出版集团旗下，Routledge 出版公司出版，并经其授权翻译出版。版权所有，侵权必究。

本书封面贴有 Taylor & Francis 公司防伪标签，无标签者不得销售。
版权所有，侵权必究。举报：010-62782989，beiqinquan@tup.tsinghua.edu.cn。

图书在版编目(CIP)数据

基于跨界地下水资源的国际涉水条法研究 /(美) 加布里埃尔·埃克斯坦 (Gabriel Eckstein) 著；郭钰, 卢麾译. -- 北京：清华大学出版社, 2025. 1.
ISBN 978–7–302–67888–5

Ⅰ. D996.9
中国国家版本馆CIP数据核字第2025Q9X358号

责任编辑：李双双
封面设计：何凤霞
责任校对：赵丽敏
责任印制：丛怀宇

出版发行：清华大学出版社
网　　址：https://www.tup.com.cn, https://www.wqxuetang.com
地　　址：北京清华大学学研大厦 A 座　　邮　　编：100084
社 总 机：010-83470000　　邮　　购：010-62786544
投稿与读者服务：010-62776969, c-service@tup.tsinghua.edu.cn
质量反馈：010-62772015, zhiliang@tup.tsinghua.edu.cn
印 装 者：三河市东方印刷有限公司
经　　销：全国新华书店
开　　本：170mm×240mm　　印　张：8.75　　字　数：157 千字
版　　次：2025 年 2 月第 1 版　　印　次：2025 年 2 月第 1 次印刷
定　　价：69.00 元

产品编号：106023-01

译者序

本书的翻译源于译者对跨界水资源，尤其是跨界地下水资源开发、利用与保护的研究兴趣。跨界地下水资源指位于两个或多个国家的地下水体中的水资源，通常以跨界含水层为研究对象。由于地下水在全球许多地区都是主要的淡水来源，因此其管理和利用对当地的生产生活用水供应及生态环境保护至关重要。然而，由于缺乏统一的国际法律框架、跨界数据共享困难、遭受地缘政治和受国家利益的影响，以及地下水资源天然的隐蔽性和复杂性等原因，跨界地下水资源科学管理与可持续利用面临着巨大挑战。

本书原作者加布里埃尔·埃克斯坦（Gabriel Eckstein）教授聚焦跨界地下水资源的管理与法律框架这一极为重要，但往往在国际涉水法律文件中被忽视或因研究难度大而被搁置的问题。在全球淡水资源供需矛盾日益突出、气候变化导致水资源供应紧张的背景下，建设地下水资源管理的法律框架尤为重要。本书不仅探讨了现有的法律框架，还探讨了未来可能的发展方向，极具前瞻性。

第一次阅读本书原稿时，我们就被其研究视角和丰富内容深深吸引：本书采用跨学科的研究方法，不仅提供了丰富的国际法、国内法及现有案例层面的分析，而且充分结合水文地质理论知识，为跨界地下水资源的法律和管理政策研究提供了坚实的自然科学基础。为了将这样一本对国际法学者、政策制定者和水资源管理专业人士都极具参考价值的书籍提供给中文界学者，我们主动邮件联系加布里埃尔·埃克斯坦教授，提出将本书翻译成中文著作的想法，并迅速获得了他的同意和支持。

译文初稿于2022年1—8月完成，虽然我们具有丰富的跨界流域水文研究经验和水文地质相关知识，但对于法学、国际法相关的术语及其他交叉领域的基本知识仍存在不少欠缺，加之翻译经验和技巧不足，整个翻译过程远比预想的艰难。2023

年 10 月至 2024 年 2 月，我们在繁忙的工作与学习中抽出时间，将翻译初稿逐字逐句反复斟酌、重新打磨；把理解不到位的词句向法学和管理学专业人士请教；与清华大学出版社的专业编辑通力合作，将全文不准确、不严谨、不通顺、有碍读者理解的地方一一改进，经过此次"脱胎换骨"后，译稿质量得到极大提升。

展望未来，气候变化对陆地水循环的影响将日益显著，我们将持续关注全球变化环境下的跨界流域水资源问题；我们将在此翻译工作的基础上继续积极探索，争取做出更多跨学科的研究成果，为跨界水资源开发、利用、保护与国际合作贡献一份绵薄之力。也希望本书能为关心国际河流和跨界地下水资源的读者提供有益参考。

译者

2024 年 9 月 3 日于清华园

原书序

本书是我基于20多年从业经历所做的一项研究，尽管它已拖延良久。本书涵盖了几乎所有大陆对跨界地下水资源的日益增长的兴趣、对话和非凡发展。本书在数篇文章及著述章节的基础上，从科学、政策和法律等跨学科视角探讨了跨界含水层及相关管理方法。我本可以在职业生涯中更早期开始动笔，但我并不着急，而是让自己的思想缓慢发酵，缓缓流经数据和案例研究的地层，以逐渐完善、过滤自己的评价，使之流向压力梯度指引我的地方。

我希望的结果是，本书能够帮助读者对地下水现象有清晰的理解，并阐明这一关键资源融入国际法和国际关系等复杂情境的方式。本书主要针对在水储层、水管理、水保护、水治理和水发展等领域工作的学者和专业人士，以及（致力于）为当代和后代探索管理和保全这些资源的最佳方式的决策者。在写作的过程中，我真诚地希望在科学家与决策者之间架起一座桥梁，努力克服各地和全球的水匮乏与水贫困问题，同时尽量减少水冲突发生的可能性。

尽管这本书代表我的个人旅程，但它绝不是我一个人的事业。它是在众多朋友、同事，尤其是家庭成员的指导和支持下探索并发展的。丰收的种子也许早已有迹可循。多年前，甚至是在上小学之前，我的水文地质学家父亲、约拉姆·埃克斯坦博士（Dr. Yoram Eckstein）就把我引入地下水的神秘世界——水似乎受到超自然力量的召唤一般，神奇地溢满了洼地和钻井，涌现出了泉眼，维系着世界上严酷环境下的生命。我清楚地记得，我的父亲会定期出差，去探寻潜在的井田（地下水水源地）、钻探新的机井、并收集水样——这些探险占据了我年少时的想象。我还记得他位于州地质调查局的那间旧办公室，里面摆满了五彩缤纷的地图、岩芯样本、电子传感器、钻头、采样管及其他勾起我注意的奇异事物。与此同时，我的化学家母亲、约娜·埃克斯坦博士（Dr. Yona Eckstein）逐渐培养我探索未知、研究无解、不畏艰难的与生俱来的求知欲。作为一名科研人员，无论遇到什么事情，她都拥有解决几乎任何问题的能力和胆识。我的一些最美好的回忆就是和母亲坐在一起，常常是到深夜，讨论或猜想一个新的概念或方法。毫不奇怪，她的理解能力也延伸到了我身上——她是第一个意识到我有法律和政策（研究）兴趣倾向的人。父母是我在地下水科学、法律和政策等跨学科领域取得今日成就的主要原因。我非常感谢他们一直以来对我的鼓励和指导。

我的国际水法入门，尤其是跨界地下水资源国际法入门，同样可以归功于一个人和一次非同寻常的机会。1993年，在布达佩斯留学项目中，欧洲杰出的环境法学者亚历克桑德列·查尔斯·凯斯博士（Dr. Alexandre Charles Kiss，下文称亚历克斯）对我的地质学背景很感兴趣，并邀请我准备一份关于横跨匈牙利与斯洛伐克边界多瑙河河段的某特定下伏含水层可适用的国际法的报告。我当时几乎没有意识到这次机会的重要性（亚历山大在国际法庭代表匈牙利处理加布奇科沃-大毛罗什争端），而且我仅在法学院完成了第一学年的学习，但亚历克斯非常关照我，并指引我走向一条很少有人敢于涉足的道路。当我开始探索这个问题时，我被围绕着跨界含水层的主权、权利与所有权问题的政治和法律阴谋，以及这样的法律主张可能对人们和社区、包括生态系统和环境产生的影响所吸引。我至今仍珍藏着亚历克斯回复我的研究和报告的手写书信，并很感激他引领我开始这次伟大的探险。

但我的学术兴趣和整个职业生涯主要归功于这个时代伟大的国际水法思想家之一、萨尔曼·M.A. 萨尔曼博士（Dr. Salman M.A. Salman，下文称萨尔曼）的启迪。作为世界银行在水法问题上的权威专家（现已退休），萨尔曼比我见过的任何人都更了解世界各地的水问题、项目和争端。特别是，他认识到水既是一个社会和政治问题，同样也是一个环境和法律问题，任何关于水的难题都需要一个跨学科的解决方法。这就是为什么当他在1999年筹备有史以来第一次关于地下水资源的法律和政策观点的会议时，邀请了一个跨学科专家团，其中包括地质学家、工程师、法律和政策的专业人士。萨尔曼了解到我对跨界地下水资源怀有浓厚的兴趣，便欣然允许我作为观察员参加会议。几年后，他邀请我参加海牙国际法学院研究中心的一个研究水资源和国际法的青年学者小组。回顾我的职业生涯，他为我的研究和咨询项目提供指导，并为我争取到各种机会。在很大程度上，萨尔曼始终是我的水世界之旅中不可撼动的、坚定的"夏尔巴人"*。更重要的是，他一直是我的导师和朋友。

当然，其他人——同事、学生和朋友，也影响了我的职业生涯和研究，并给予我坚定的鼓励与支持。其中，最值得一提的是我的妻子米歇尔，以及我的孩子诺亚和菲比，他们的关爱、慰藉和耐心使我有机会开展事业，他们的幽默和善良让我感到踏实与安心。他们总是在我工作到很晚或出差时在家中给我留着灯，也一直提醒我什么才是生命中最重要的东西。最终是他们让这本书成为可能。

Gabriel Eckstein

---

* 藏语意为"来自东方的人"，散居在喜马拉雅山两侧，主要在尼泊尔，少数散居于中国、印度和不丹，以为外国徒步旅行者和登山者提供支持而闻名，此处为比喻。——译者

目 录

第 1 章 引言——全球地下水情况综述 ··· 1
    1.1 全球地下水依赖 ·· 1
    1.2 地下水作为一种跨界资源 ·· 3
    1.3 跨界含水层面临的挑战 ··· 4
    1.4 跨界含水层的管理 ·· 4
    1.5 不断发展的国际法 ·· 5

第 2 章 了解地下水资源与含水层 ··· 7
    2.1 本章概述 ·· 7
    2.2 了解地下水 ·· 9
    2.3 地下水与水文循环 ·· 11
    2.4 含水层 ·· 13
        2.4.1 非承压含水层 ··· 13
        2.4.2 承压含水层 ··· 14
    2.5 含水层与地表水体的联系 ··· 16
    2.6 地下水流 ·· 17
    2.7 地下水的补给与排泄 ·· 18
        2.7.1 地下水补给 ··· 18
        2.7.2 地下水排泄 ··· 19
        2.7.3 无补给含水层 ··· 19
    2.8 地下水抽采 ·· 20

| 2.9 | 含水层功能 | 21 |
| 2.10 | 地下水资源和含水层所面临的威胁 | 22 |

第 3 章 跨界背景下的地下水资源 — 24
3.1 本章概述 — 24
3.2 跨界含水层模型 — 25

第 4 章 关于地下水资源的早期条约 — 37
4.1 本章概述 — 37
4.2 国内法中的地下水问题 — 39
4.3 双边条约与区域协定中的地下水问题 — 42
4.3.1 早期对地下水资源的提及 — 43
4.3.2 对地表-地下水关系的认识 — 44
4.3.3 地下水作为条约的聚焦点 — 46
4.4 为国际法承认地下水所做出的努力 — 47
4.4.1 国际法协会的工作 — 47
4.4.2 贝拉吉奥条约草案 — 49
4.4.3 非正式跨界协定 — 50
4.5 本章小结 — 51

第 5 章 《国际水道非航行使用法公约》视域下的地下水资源问题 — 52
5.1 本章概述 — 52
5.2 《水道公约》的背景 — 53
5.3 制定《水道公约》的范围 — 53
5.4 《水道公约》中的地下水 — 55
5.4.1 解读"水道" — 55
5.4.2 "水道"与独立的含水层 — 56
5.4.3 无补给含水层与不可再生地下水 — 57
5.4.4 国际水道的跨界特征 — 58
5.4.5 "共同终点"标准 — 59
5.5 本章小结 — 60

第6章　联合国《跨界含水层法条款草案》中的地下水与含水层 · 62
- 6.1 本章引言 · 62
- 6.2 《条款草案》 · 64
  - 6.2.1 关于范围和定义的介绍性条款 · 64
  - 6.2.2 阐述国家权利与义务一般原则的条款 · 67
  - 6.2.3 与保护、保全和管理相关特定义务的条款 · 77
  - 6.2.4 补充条款 · 84
  - 6.2.5 《跨界含水层法条款草案》的现状 · 84

第7章　跨界含水层国际法演进发展的趋势 · 86
- 7.1 本章引言 · 86
- 7.2 现有的跨界含水层合作机制 · 87
  - 7.2.1 正式条约 · 87
  - 7.2.2 非正式安排 · 90
  - 7.2.3 全球性的框架文件 · 91
- 7.3 跨界含水层国际法的地位 · 91
  - 7.3.1 定期交换数据和信息 · 92
  - 7.3.2 监测并生产补充数据和信息 · 93
  - 7.3.3 事先通知计划开展的活动 · 94
  - 7.3.4 创建体制机制以推动或实施安排 · 95
  - 7.3.5 实质性义务 · 96
- 7.4 本章小结 · 97

第8章　跨界含水层法的缺漏 · 98
- 8.1 本章引言 · 98
- 8.2 无补给含水层 · 98
  - 8.2.1 国家实践 · 99
  - 8.2.2 石油和天然气的经验 · 99
  - 8.2.3 小结 · 101
- 8.3 损害的阈值 · 101
- 8.4 含水层的功能 · 102

8.5 补给区和排泄区 ··· 103
8.6 统一元数据 ·· 104
8.7 本章小结 ··· 104

参考文献 ·· 106

附录 ·· 115
    A 《跨界含水层法》 ·· 115
    B 《联合国欧洲经济委员会跨界地下水示范条款》 ······································· 122
    C 条约、协定及其他国际协议 ··· 124
    D 案件 ·· 127

译者补充说明 ·· 128

第 1 章
引言——全球地下水情况综述

1.1 全球地下水依赖

当今,地下水是地球上被开采最多的自然资源。据估计,全球每年从地下抽取 1000 km³ 的水,按体积计算,约为石油开采量的 200 倍。抽取的地下水有 70% 用于农业,其余部分则不成比例地用于满足人类各种生产生活需要。在世界范围内,地下水提供了人类日常家用淡水需求的约 45%,如饮用、烹饪和清洁等(Margat et al., 2013)。在欧洲,至少有 75% 的饮用水来自地下水;而在奥地利、克罗地亚、丹麦、匈牙利、意大利、立陶宛和斯洛文尼亚,这一占比则超过 90%(Almássy and Busás, 1999)。在印度,地下水资源满足了 50% 的城市用水需求和 85% 的农村生活用水需求(World Bank, 2010)。在美国,地下水占市政提供生活用水的 21%,以及自给自足型家庭用水的 98%(NGA, 2016)。随着地下水开采和管理技术的进步,抽采地下水已经从仅限于满足当地需求升级为供给整个国家。

人们越来越依赖地下水作为主要淡水来源,部分原因是工业、农业的发展及全球人口增长。在过去的 100 年里,全球人均用水量增长了 6 倍(Morris et al., 2003)。目前,人类用水量的增长速度是全球人口增长速度的 2 倍(Zabarenko, 2011)。然而,对地下水的依赖也是技术进步及农民、制造商和其他用水户获取水资源能力提升的体现。"二战"后,钻井和抽水技术的改进、电力网络的普及和地质学的进步促进了地下水开采的蓬勃发展。例如,在印度,地下水使用量的增长被描述为一场"无声的革命"(Llamas et al., 2005),地下水抽取量增加 1650% 以上。类似的"革命"也发生在其他发展中国家,特别是在干旱的中东地区,如表 1-1 所示，1970—2000 年，利比亚的地下水抽采量增加了 1100%；1975—2000 年，沙特阿拉伯的地下水抽采量增加了 1000%；1972—2000 年，埃及的地下水抽采量增加了 600%；1965—1995 年，伊朗的地下水抽采量增加了 330%；1977—2000 年，突尼斯的地下水抽采量增加了 320%。发达国家的抽水量增长较为缓和，但仍很显著：澳大利亚在 1970—2000 年的地下水抽采量增长了 300%；美国在 1950—1980 年的地下水抽采量增长了 144%；日本在 1965—1995 年的地下水抽采量增长了 60%；英国在 1950—1975 年的地下水抽采量增长了 54%（Margat et al., 2013）。

表 1-1 20 世纪中叶以来典型发展中国家与发达国家地下水抽采增量统计

国 家	时 间	地下水抽采增量/%
利比亚	1970—2000	1100
沙特阿拉伯	1975—2000	1000
埃及	1972—2000	600
伊朗	1965—1995	330
突尼斯	1977—2000	320
澳大利亚	1970—2000	300
美国	1950—1980	144
日本	1965—1995	60
英国	1950—1975	54

注：数据来自 Margat et al.（2013）。

大多数经历过地下水使用高峰期的工业化国家，如美国和日本，地下水抽取率已经趋于平稳，甚至可能略有下降。然而，在大多数发展中国家，特别是在经济和人口持续增长的亚洲国家，这种趋稳态势还没有出现。因此，全球地下水使用量预计将持续增长，尤其是因为抽采地下水量最大的 10 个国家中有 9 个位于亚太地区和中东（见表 1-2）。

表 1-2 全球十大地下水资源抽采国（2010 年）

抽采量排名	国 家	地下水抽采量/(km³/a)
1	印度	251
2	中国	112

续表

抽采量排名	国　家	地下水抽采量 / (km³/a)
3	美国	112
4	巴基斯坦	65
5	伊朗	64
6	孟加拉国	30
7	墨西哥	29
8	沙特阿拉伯	24
9	印度尼西亚	15
10	土耳其	13

注：数据来自 Margat J. and van der Gun（2013）。

然而，对地下水的依赖并不仅是人类所经历的。全球有大量物种和生态系统都依赖地下水的持续流动和良好的水质。具有高潜水面（地下水水位）的泉水和浅层含水层支撑着湿地和河流生物群落，而一些独特的栖息地往往存在于泉水的源头，甚至可以出现在某些喀斯特含水层（岩溶含水层）的基质中。最近的一项研究表明，全球 22%~32% 的陆地面积受到浅层地下水资源的影响或依赖浅层地下水资源（Fan et al.，2013）。

1.2　地下水作为一种跨界资源

随着有关地下水和其他水资源的新知识日益丰富，两种认识——一旧一新，对建立在主权和政治体系下的世界提出了挑战。第一个是由来已久的理解，即水不遵从政治边界。它自由地流动，只服从物理规律。另一个较新的认识是，除了大多数岛国外，世界上几乎所有国家在水文上都与邻国存在联系。这一点尤其准确，因为地球上几乎所有已知的陆地之下都存在大量的地下水及其系统。

全球有 276 个国际水道穿流于陆表（Wouters and Moynihan，2013），而一项正在进行的研究迄今为止已确定了超过 600 个跨越国际政治边界的含水层和含水层体（IGRAC，2015）。这些跨界含水层中的一部分沿着上覆河流流域的轮廓分布，支撑着居住在这些地区的大量人口。鉴于世界上超过 40% 的人口居住于并依赖跨界河流流域，或许可以合理地假设，同样数量庞大的人口依赖跨界含水层满足其日常用水需求。

在世界的干旱、半干旱和温带地区，包括中东、北非和墨西哥-美国边境等地，跨界含水层往往是维持人类生活和自然环境的主要或唯一淡水来源。

1.3 跨界含水层面临的挑战

在处理跨越国际政治边界的含水层问题时，政治是一个明确且首要的关注点。然而，我们在考虑这些资源面临的各种挑战时，不能仅从国际政治方面着手。相反，政治和跨界关系只是各种影响因素的一部分，既有可能使威胁放大，又可能带来解决方案。

与国内地下水资源一样，跨界地下水资源也面临许多挑战，这些挑战可能影响其功能和可持续利用。其中就包括过度开采（超采），即抽水量超过自然补给量。超采的直接结果是资源枯竭或"采空"*。这种过度开采活动的附带后果可能包括地面沉降、海水入侵，以及对依赖地下水的物种、栖息地和人类社区的不利影响。跨界地下水资源还面临来自其他人类活动的巨大威胁，包括农业、市政和工业活动造成的污染。人类活动还可能通过其他途径破坏含水层基质，包括开采矿物、碳氢化合物和地层中的其他资源，以及工程建设和土地使用等开发活动。此外，人类引起的气候变化会影响地球表面的降水量和蒸发量，进而影响可补给地下水资源的水量。值得注意的是，威胁跨界含水层的因素也可能来自气候条件和降水情况的自然变化，以及突发现象（例如，地震引发地层错断，海啸导致沿岸地区被淹没）**。

1.4 跨界含水层的管理

历史上，地下水资源在国际协议和法律规范中常被忽视甚至遗漏，使得非专业

---

* 原文为"The immediate result of overexploitation is depletion or 'mining' of the resource"。结合 mining 本意"the process or business of digging in mines to obtain minerals, metals, jewels, etc.", 译者认为此处翻译为"采空"较为适合。——译者

** 可理解为：地震引发地层错断而切穿含水层，海啸导致沿岸地区被淹没而引发海水入侵等。——译者

人士、政治和法律界通常对此产生误解。尽管围绕跨界河流与湖泊的协议和一致的法律原则在全球已相当普遍，但针对跨越国家边界的地下水资源的类似安排和规范却极其稀缺。此外，旨在管理跨界含水层的体制机制几乎不存在。

目前，只有四项已生效的条约可以用来直接处理与跨界含水层有关的问题，另外有两项条约待正式批准和实施。此外，还有少数非正式或非约束性的安排，大多由地方选区（地方政府）执行，以促进跨界含水层合作。与此形成鲜明对比的是，在过去的1200年中，世界各国就跨界河流和湖泊签订了超过3600项条约，以解决航行、管理、引水、保护及其他相关问题。

这并不意味着没有其他国际法律文件涉及跨界地下水资源的各方面问题。实际上，含水层国之间有许多相关安排，尽管主要是在非洲、欧洲和北美大陆（Burchi et al., 2005）。然而，所有提及这些关于边境地区地下水资源的安排都是额外的，是相对其他问题而言更次要或置于第三位的。换言之，地下水在这些法律文件中作为协议主要目标的附属问题出现，且主要是为了支撑协议关注的地表水问题而存在的。因此，在大多数国内法律体系和国际法律体系中，地下水历来是被忽视的"继子"。

如今，鉴于全球各国对跨界地下水资源的依赖与日俱增，而管理这些资源的治理机制却几乎不存在，因此各国极有必要制定政策、管理和法律策略，以确保跨界含水层的可持续利用。建立跨界地下水资源治理体系对于防止和减轻超采、污染及其他活动所带来的日益严重的威胁至关重要。

这种治理体系可能是什么样子的，目前我们尚不得知。对世界各地众多跨界含水层的水文地质情况缺乏了解及其他技术上的局限，均阻碍了特定含水层及区域和国际管理制度的发展。同时，缺乏更广泛和统一的监测工作来衡量含水层、气候及其他动态特征的变化，也同样阻碍了跨界参与和跨界合作。此外，可能是由于上述障碍，许多决策者、法律界人士和社会大众对地下水资源与含水层的机理了解甚少。因此，一个广泛接受的跨界含水层管理和监管模式尚未出现。

1.5 不断发展的国际法

过去几十年间，随着国家和地区加大了对地下水的抽采并因此对这种地下资源越发依赖，人们更加认识到，他们所开采的许多含水层实际上是与邻国共享的。此外，人们也已经开始意识到，许多这些地下蓄水层正在面临超采、污染，甚至是含水层基质破坏的问题。因此在许多国家，地下水已被提升为一个具有关键甚至战略意义的资源。此外，越来越多的关注也激发了众多政治家、学者、水务专业人员和公民，特别是边境地带的公民，对边境地区地下水资源的所有权、分配、使用、保护和开发问题进行深入思考。地下水还引发了公民社会最高层级的对话，使各界争相制定关于跨界含水层双（多）边合作的各种研究和报告、示范条款及拟议的国际规范。在少数几个案例中，这种关注已转化为对特定跨界含水层的双边合作制度。

第 2 章
了解地下水资源与含水层

2.1 本章概述

水覆盖了地球表面的 3/4。这是大多数人都能轻易感受到的，我们可以看到，水在包裹着我们星球的浩瀚海洋中流动，沿山势而下，流淌在各大洲的平原上，流入千年来为人类提供淡水资源的河流和水库，以及遍布世界各地的众多沼泽和湿地中。然而人们不太能联想到的是各大陆、各国，甚至部分海床下赋存着大量地下水资源。事实上，这些隐藏着的地下水体含有大量的淡水，其存蓄量之大，地球上所有的湖泊、水库、河流、运河和湿地中的淡水总量与之相比都相形见绌，甚至不及其百分之一。然而，尽管一些社区长期以来一直将地下水作为维持生计和经济活动的水源（如在中东和美国西南部的干旱地区），但人类只是在最近才开始广泛地利用这些地下淡水资源。不幸的是，其中许多开发行为是在没有规划和了解不充分的情况下进行的，并对这些隐藏的宝藏造成了浪费和长期损害。

开采和管理地下水的挑战主要是专业知识和技术能力的问题，包括对地下水和含水层（赋存地下水的地层）的了解，以及开采这些资源的技术能力与可行性。尽管后者超出了本书的讨论范围，但前者必然是国际地下水法发展的根基。如果没有健全的科学基础，法规和政策将受制于立法机构与群众的奇思妙想和迷信行为。事实上，这也是为什么英国一家上诉法院得出这样的结论：与可观察到的地表水不同，授予地下水使用权"是不合理的"，因为地下水的使用可能是隐蔽的，使其他相关方"不知道其……采取的用途"（Acton v. Blundell, 1843）。美国的法院进一步发展了这一观点，并曾发布一个宣告："这种（地下）水的存在、起源、运动和路线，以及控制和引导其运动的原因，是如此的秘密、神秘和隐蔽，（以至于）试图对它实施任何一套法律规则，都会陷入令人无望的不确定性之中，因此，这实际上是不可能的。"（Frazier v. Brown，1861）①

水文地质学家和其他水务专业人员已经能够对世界各地数以千计的含水层进行绘图和定性。科学家已经利用现代钻探设备与技术、卫星、雷达、计算机建模和其他技术，获取了大量关于某些特定含水层及更广泛的地下水系统的信息。这些信息通常包括地下储水量估计、地下水流向和流速、天然补给和排泄的位置、水化学性质和含水层基质组成等。

然而，这些信息的生成和获取并不那么容易，而且可能非常昂贵*。研究地下水和含水层是一项非常复杂的工作，特别是由于它们埋藏于地下，且往往位于地表以下数十米或数百米的位置，被不计其数的岩石和土壤所覆盖。许多社区和国家根本无法承担相关的研究费用。因此，全世界数以千计的含水层还没有被勘测和定性。

雪上加霜的是，现有的知识并不总是能清楚地传递或翻译给决策者、法学家或公众。因此，许多决策者和非地下水专业背景的人对地下水的性质和存在有误解。例如，关于地下水资源的最大误解之一是，人们普遍认为地下水存在于充满巨大洞穴的湖泊或流经地下隧道和裂缝的河流中。这一谬误的产生很可能是由于地下水的隐蔽性，加之人们无法看到自然状态下的地下水。这导致许多与地下水资源相关的水务政策、立法和司法决策是与现实情况不相关的、无效的，而且往往对水体及其可持续管理有害。

此外还有一个概念上的复杂性在于，地下水和地表水一样，其赋存与运移不遵从政治边界。许多位于国家边境地带且富含地下水的地层是跨越边界并延伸到邻国管辖区内的。事实上，最近的研究表明，全世界有多达 600 个含水层和地下水体跨越了国际边界（IGRAC，2015）。这比跨界河流和湖泊的数量高出 1 倍多，后者为 276 个（World Bank，2015）。因此，除信息缺乏和对决策者与公众的知识传递不畅之外，许多含水层国的政治、法律和体制机制不同，而且对待水的优先次序也不尽相同，也导致这些含水层国缺乏针对跨界含水层的有效和协调的管理制度。事实上，迄今为止，唯一由上覆国家合作管理的跨界含水层是法国和瑞士共享的日内瓦含水层。

---

① 同样，在佛蒙特州最高法院的 Chatfield v. Wilson 一案中，法院断言："地下水在运行中隐秘、多变和不可控制的特性使我们很难将它纳入法律的规制之中，也无法像对待地表水流那样建立一套规则体系。"（28 Vt. 49，54（1855））

* 此处指相关探测工作需要花费很多资金。——译者鉴于知识基础带来的挑战，在开始研究跨界含水层的管理和规章之前，树立对地下水资源科学的正确理解是合乎逻辑且必要的。特别重要的是，参与特定跨界含水层决策过程的每一个人，无论是在地方还是在国际层面，即使无法实际看到地下水流动的过程，也都能够将他们脚下地层内所发生的一切概念化。

读者在阅读本章时，不妨从一开始就在脑海中构想一个充满沙子的透明玻璃缸，这可能有助于你理解。虽然玻璃缸内的空间完全被沙子占据，但请注意，这种占据并没有填满玻璃缸内的所有空间。事实上，如果在沙子上倒一点水，你就会发现，玻璃缸内还有额外的空隙，这些空隙位于沙粒之间，可以容纳液体。本章的重点就在于：水在哪里储存，如何在充满沙子的玻璃缸内流动，又如何得到补给，以及如何抽取缸内的水。

2.2 了解地下水

地下水一般指存在于地表以下，多孔且具渗透性的地质构造（地层）的饱和部分（饱水带）的水。这种描述强调了：①地下水存在于地表以下，主要是为了区别于地表水；②地层饱和部分的水，以区别于可吸附在地层非饱和部分的砂粒和其他细颗粒上的水分子，因为这些水分子一般不能被抽取[*]；③被定性为含水层的地层兼具多孔性和渗透性，以区别于非多孔和（或）不可渗透的地质构造。图 2.1 简单描绘了两个叠在一起的含水层。

孔隙度和渗透率这两个概念对于确定地层是否为可用的含水层至关重要。孔隙度是指地层中所包含的颗粒之间的空隙，孔隙度越大，地层中可储存的水就越多。相比之下，渗透率是指这些颗粒间空隙相互连接的程度、相互连接部分的大小，以及由此产生的水在地层中流动的能力。例如，砂岩地层具有高孔隙度和高渗透性，能够储存和传输大量水，这使此类地层成为优质的含水层；黏土层通常具有高孔隙度但不透水，因此能够储存大量的水，但几乎没有传输水的能力；火成岩和变质岩地层由于具有低孔隙度和低渗透性，通常不能成为良好的含水层；然而，此类地层中的裂缝可以增强其渗透性（通过地层传输水的能力）而不改变其孔隙度。

---

[*] 这里强调非饱和带的水分不能被人们直接利用，这是它与饱和带内赋存的可被直接抽取并利用的地下水的区别，下文有详细说明。——译者

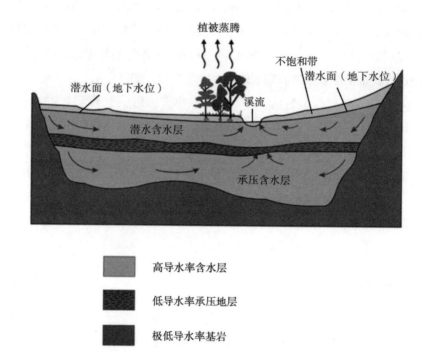

图 2.1　潜水含水层上覆于承压含水层

潜水含水层的底板，以及承压含水层的顶板和底板，都不一定是完全不透水的，也可能能够传输少量的水*

图片源于美国国家地质调查局

在前文设想的玻璃缸中，沙子很好地模拟了一个具有良好孔隙度和渗透率的地层，因为一颗颗沙粒堆放在一起组成了既多孔又有高渗透率的介质，使这个沙质层饱和的水，也就是完全填充了各沙粒之间空隙的水将被视为地下水。当慢慢地把水注入这个假设的玻璃缸时，我们应该能够看到饱水区域顶层的水面逐渐向上移动。这个水面代表了饱和带（下方）和非饱和带（上方）之间的边界。这条边界线被称为潜水面，这个概念将在后文进一步讨论。然而，请注意，潜水面并不只是简单地将湿沙和干沙分开。事实上，潜水面以上的沙子会因为曾有水流经其颗粒间的空

---

* 这里涉及"相对不透水"的概念：某地层具有一定的输水能力（具有一定的渗透性和多孔性），但弱于上覆/下伏的地层，那么它在这个含水层系统内就是相对不透水层，将充当上覆含水层的底板和下伏含水层的顶板，但在一定情况下该底层能够传输水（发生越流）。——译者

隙，然后向下流向饱和带而变湿。由于表面张力、内聚力或黏附力等物理作用，非饱和带内的沙子也可能含有水分子，这些水分子黏附在沙粒上，甚至可以在每个沙粒周围形成一层薄膜。但这类水不被视为地下水，因为在这种情况下，地层没有饱和，黏附在沙粒上的少量水不容易提取[①]。

2.3 地下水与水文循环

水文循环（见图2.2）是一个系统，其中水（固态、液态、气态或蒸汽）从大气层传输到地球表面，然后再返回大气层，从而形成一个不断更新的循环。通常，水以各种降水形式从大气中降落，如雨、雪和雨夹雪。落在陆地上的水要么流经地表进入溪流、河流和湖泊，要么渗入地下。在地表流动的过程中，大量水在太阳能的作用下蒸发并返回大气，然后继续循环。此外，植物也会消耗或吸收一部分流经地表的水，然后通过叶子将水分蒸腾回大气中。

图2.2 水文循环
图片源于美国国家地质调查局

---

① 关于地下水和含水层运行机制的更多技术背景信息，请参见 Price（1996）、Fetter（1994）、Heath（2004）和 Bouwer（1978）的著作。

渗入地下的水通常在重力作用下垂直向下流动，直至到达潜水面。进入饱和带（潜水面以下）后，水会沿着压力梯度，在地层的多孔空间内从高压向低压流动，直到运移至天然排泄点，如泉、河流、湖泊、泻湖、沼泽和海洋，或直到被人工抽取。虽然水渗入地下的速率和地下水在地层中的流动速率通常比地球表面水流慢得多，但其流动机制相对稳定可靠。

地下水是水文循环的一个重要组成部分。随着探测到的地下水量呈指数级增长，人们越发清晰地认识到这一点。全球地下淡水总量是河流、湖泊和其他地表淡水体中的所有水量的 100 倍，且是它们难以企及的体量（见图 2.3）[①]。

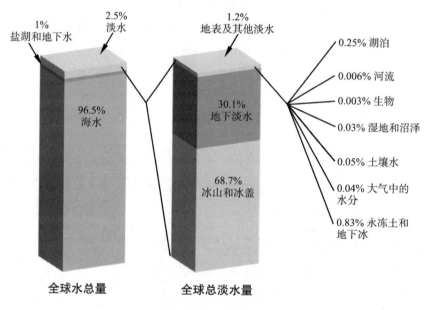

图 2.3 地球上水的分布

湖泊、溪流、湿地和其他地表淡水体中的淡水占全球水储量的 1/125，占全球淡水量的不到 1/33。此外，地下淡水储量约占地球上液态（非冰冻）淡水储量的 98%，略高于地球上淡水总储量的 30%（World Water Assessment Programme, 2003）。

由于所处深度或周围地层的地质情况存在差异，因此并非所有地下水资源都

[①] 地球上除存在淡水含水层外，还存在广阔的地下资源，如咸水含水层等，人类尚未对这类含水层在地理范围、体积等方面进行探索和特征描述（Van Weert, 2009）。此外，最近有研究表明，在广阔的海床地层中发现了人类之前未知的淡水含水层和咸水含水层（Post et al., 2013）。

容易获取，但那些在技术上和经济上可获得的水资源量仍是全球湖泊和河流水量的33倍以上。据估计，可利用的地下淡水（可使用的、不含盐分的）总量约为4 200 000 km^3，而在大陆地壳上部2 km内发现的地下水总量估计为22 600 000 km^3（Gleeson et al., 2016; Price, 1996）。相比之下，地球上所有的湖泊与河流仅含有大约1 260 000 km^{3}的淡水（Price, 1996; Bouwer, 1978）。

2.4 含水层

含水层是具有渗透性的地层，具有足够的储水和输水能力，可以通过水井和泉进行实质性供水。被归类为含水层的地层通常由未固结的砂石、砾石、沉积岩（如石灰岩和砂岩），以及断裂高度发育的岩浆岩和结晶岩组成。除了这些特征外，所有含水层都有一个不透水的底板，它能阻止水渗入更深的地层，就像我们假设的玻璃缸的底部一样。这种底板通常由渗透性较差、质地细密的颗粒状岩土组成，如黏土、页岩、火成岩或基岩。进一步分类，含水层可分为潜水含水层和承压含水层。

2.4.1 非承压含水层

当饱和地层底部有不透水的岩层或沉积物作为底板，且从地表至底板间（上覆岩土层与含水层）均为透水岩土层时，该含水层就被称为非承压含水层（见图2.1）。具有渗透性的上覆岩土层可能与该含水层属于同一地层，也可能是一个从地质学层面来看与含水层不同的构造。无论如何，这类含水层的非承压性使它可以直接通过上覆的透水岩土层接受补给。在实际情况中，渗入地表的降水能向下流动，并补给非承压含水层。

在非承压含水层中，饱和带的上界被称为潜水面。潜水面是透水岩土层饱和部分和非饱和部分之间的边界。该边界可以上下波动，这与含水层补给和排泄的水量及补排平衡直接相关。例如，干旱环境下，大雨可以暂时使含水层的潜水面升高，然后随着含水层恢复到正常状态而下降。同样，大量抽水（需要灌溉的农户经常在作物生长季大量抽水）会导致含水层的潜水面急剧下降。由于非承压含水层和其潜水面之间的关系，这种含水层也被称为潜水含水层。值得注意的是，许多沼泽、湿地和湖泊只是一个完全饱和地层的露头。当水继续流入并越过饱和地层范围时，水就会在地层上方的地表凹陷处汇集，形成一个地表水体。

对非承压含水层而言，含水层一词通常只适用于具有渗透性的地层的饱和部分，即从不透水的底板到潜水面。这种定义上的特殊性非常重要，因为地层内的水量和水流往往处于变化之中。如上所述，任何变化都是补给量和排泄量（流进和流出饱和地层的水量）波动的结果。因此，被称为含水层的渗透性地层的部分可以随着降水与入渗量的变化，以及自然和人工排泄的变化而波动。

虽然情况并非总是如此，但非承压含水层往往与地表水体，如河流或湖泊，存在水力联系。这种联系通常是通过非承压含水层和地表水体之间的自然渗漏和排水而产生的。例如，河流下方往往有与之相互关联且沿着河床走向分布的非承压含水层。实际上，在地球表面附近发现的大多数地层往往是由未固结的砂石和砾石及沉积物组成的。当降水缓慢地填满多孔且透水的地层时，流动更快的水在地表形成溪流、河流，与地下储水构造相互关联。然而，当降水量较少时，非承压含水层也可以独立于地表水体而存在。这在许多气候干旱的地区很明显，如美国西南部和中东地区。例如，美国大平原之下巨大的奥加拉拉含水层，以及约旦东南部和沙特阿拉伯西北部的阿尔-萨格/阿尔-迪西含水层。

2.4.2　承压含水层

当多孔且透水的地层完全饱和并包含在两个不透水或透水性较差的地层之间，即含水层位于基底层/"底板"和覆盖层/"顶板"之间时，这种含水层就被称为承压含水层，有时也被称为自流含水层。在任何地点，地表以下都可能存在一个或多个不同的含水层，它们被不透水层分隔，就像多层公寓楼中被地板和天花板分隔的房间一样。这些彼此堆叠的含水层正是承压含水层（见图2.1），如果最上层的含水层没有被封闭且不透水的岩土层覆盖，那么它可能是个例外（不是承压含水层，而是非承压含水层）。

上覆地层的巨大重力压在每个封闭的饱和地层上，使该地层中的水受通常远远超过大气压的压力。如果钻井穿过含水层的隔水顶板，那么它将成为一个压力释放阀，使承压含水层内的封闭压力或静水压力（也称为自流压力）迫使水通过井口上升。如果压力足够大，则可以推动水喷出地表。若承压含水层的自流压力非常大，能使水到达并流向地球表面，那么这种承压含水层就被称为自流含水层。世界上许多（但不是所有）天然泉水是自流含水层的天然露头。

回想前文中假设的玻璃缸，里面装满了沙子和水。现在想象在玻璃缸的整个沙粒层表面区域的顶部放置一块金属板。金属板相当于一个承压含水层之上的不透水地层。当把金属板向下推时，玻璃缸内的沙子被压实，并受到越来越大的压力，这减少了储水沙粒之间的空隙。现在，在金属板的某处钻一个孔，并在该孔中插入一根垂直管道以进一步增强视觉效果。当向下按压金属板使沙层内的压力增加时，沙层内的水将在压力的作用下向上进入管道。根据沙层内的受力情况，压力甚至可以大到迫使水从管道的顶端喷出。这种效应将持续下去，直到沙层内的水所承受的静水压力降至与大气压力平衡。

虽然承压含水层的概念可能会让人觉得这是一种静态的地下水体，与地表水或其他水资源没有任何联系，但这种描述并不准确。大多数承压含水层都有持续的水源补给，通常从位于远处高海拔地区（如山区或高原）的补给区流出的横向水流中补充水量，而在补给区，含水层出露于地表。含水层接受补给的出露部分是非承压的，而被上覆相对隔水层/弱透水层覆盖的部分则是承压的。此外，承压含水层周围的封闭层（隔水顶板、隔水底板等）并不总是完全不透水的。在许多情况下，它们只是比含水层的渗透性低，同时还可能由于相邻地层内的压力变化而使水通过它们渗入承压含水层。承压含水层中的水也可以通过自然渗流或以泉的形式排泄入低海拔地区的河流和湖泊。还有一种情况也可能在承压含水层中发生，那就是由于地表侵蚀、构造活动和其他地质过程，承压含水层所处的地层与地表水体或地表彼此切穿。

例如，墨西哥和美国地下的圣佩德罗流域含水层就是一个具有跨界影响的承压-非承压混合含水层。该含水层在水力上与圣佩德罗河存在联系，部分地下水流向与该河平行并向北流入美国。虽然该含水层大部分区域是非承压的，但在亚利桑那州帕洛米纳斯-赫里福德和圣大卫-本森市的流域边界地区，含水层在渗透性较低的地层下将成为承压含水层（Arias，2000）。

另一个具有跨界影响的承压-非承压混合含水层的例子是以色列沿海平原和约旦-死海裂谷山麓区的山地（或西岸）含水层。该含水层在包括巴勒斯坦位于约旦河西岸的领土在内的朱迪亚山脉高地地区是非承压含水层，通过高海拔地区的降水缓慢接受补给。随着地表以下地层逐渐向下弯曲，含水层从高地向两个方向倾斜——地中海方向和约旦裂谷方向。在这两种情况下，含水层都被覆盖在渗透率很低的地层之下。落在朱迪亚山脉以西低地地表的降水并没有到达山地含水层，而是流向地中海沿岸的非承压含水层。朱迪亚山脉以东的少量降水流入约旦河与死海。

因此，山地含水层严重依赖来自朱迪亚山高地的补给（Eckstein et al., 2003b）。

2.5 含水层与地表水体的联系

与地表水资源有水力联系的含水层要么向地表水体供水，要么从地表水体接受水。为了了解水力联系的动力学，以及确保水量和水质，确定这种水力联系的特征非常重要。当非承压含水层的地下水位高于相交的河道或湖泊，并且含水层和上覆河流或湖泊之间的土壤具有中等渗透性时，水将从含水层排入河流或湖泊。这种水力联系被描述为出流关系，上覆的水体被称为出流（或获水）的河流/湖泊（见图2.4）。相反，含水层和水力联系的地表水体之间存在着入流关系，即非承压含水层的水位从湖泊或河床向下倾斜，或位于湖泊或河床之下。在这种情况下，水会从河流或湖泊向下渗流，补给下伏含水层，从而形成入流（或失水河流、湖泊）关系。

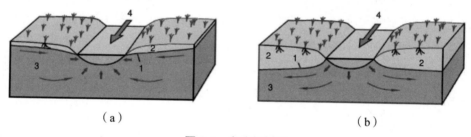

图 2.4 出流与入流

(a) 出流（获水）型含水层—河流关系；(b) 入流（失水）型含水层—河流关系

1—潜水面（地下水位）；2—非饱和带；3—含水层的饱和带；4—河流的流动方向。

图片源于：W.M. Alley, T.E. Reilly and O.L. Franke, 地下水资源的可持续性——美国地质调查局报告1186，可在 https://pubs.usgs.gov/circ/circ1186/ 获取

区分这两种关系对于研究水质和污染问题特别重要。一条与相邻含水层有出流关系的受污染河流不会污染其两侧的地下水，因为出流河流不会向相邻含水层供水。此外，如果在出流河一侧的地下水中发现了污染物，而地下水的流向是沿着河道的，那么污染物就不可能影响河道另一侧的地下水水质，因为出流河附近的地下水会倾向流向河道。当然，出流河本身也可能被位于河道两岸、存在水力联系的含水层中的污染物所污染。相反，如果河流与受污染的含水层呈入流关系，那么（从保护含水层的角度而言）河流应该能保持不受污染物影响，因为入流河流中的水会

渗入含水层，但含水层中的水不会向相反方向渗入河道。

一条河流在任一地点是入流还是出流，取决于地形、降水量和降水频率、土壤的渗透性及河流下方土壤的导水率等因素。因此，根据当地的地质和气候条件，一条河流可以在沿河道的某一点是入流的，而在另一点是出流的，而与之有水力联系的含水层可能相同也可能不同。此外，一个河段的出流特征和入流特征可以随着气候条件的变化而波动。典型的出流河流、湖泊和泻湖在干旱和其他降水量较低时期会变成入流地表水体，而典型的入流地表水体在风暴、洪水和其他导致水位升高的事件中会变成出流地表水体。这种变化也可能是极其局部的，在河流的一侧发生，而在另一侧没有发生。例如，河流一侧的大量地下水抽采会使抽水井附近地区的地下水位下降。如果地下水位下降得足够多，就会改变此处含水层与河流的关系，仅在河流的另一侧从流出变为流入[①]。

2.6 地下水流

含水层和地下水经常被错误地认为是位于地下的湖泊或河流。但正如上文所述，事实并非如此。地表以下的水在重力和水力势的驱动下在岩石和砂砾之间的空隙中移动。再回想前文中假设的装满沙子和水的玻璃缸。如果在缸底部的玻璃上钻一个洞，那么重力会使水通过沙子流向洞口，并流出玻璃缸。同样，如果玻璃缸里的沙子被坚固的上覆金属板压实并施以高压，然后在上覆金属板上钻一个洞，那么水就会通过洞口向上喷出。当到达重力和压力不能再对含水层中的水施加影响的临界点时，水将恢复静止状态。

除一些明显的情况外，如无补给含水层，其他大多数含水层中的水鲜少停滞，它们会流向自然排泄点，如泉、河流、湖泊、泻湖、沼泽和海洋。含水层中的地下水也会驻留在地层基质的孔隙中，就像玻璃缸中的水填充在沙粒之间的空隙中。另一个形象的例子是湿海绵，水会驻留在海绵的小孔中。海绵和含水层之间的主要区别是，前者比地层更有弹性和柔韧性。因此，地下水的流动通常不是以"地下河"或"输水管道"的形式出现的，而是以水渗流经地层内多孔空间的形式出现的，类

---

① 关于含水层与地表水体之间的入渗和出渗关系的更多信息，请参见 Sophocleous（2002）和 Heath（2004）的著作。

似于水渗入海绵。此外，地下水流经透水地层的速率或速度通常比在陆地表面出现的任何水流（如河流和溪流）的速率慢得多。流经地层的水必须穿过砂砾和其他岩土之间的微小空隙。因此，地下水的流动速度通常从 1 m/d 到 1 m/a。

水在含水层中的流动受水力势的控制。水力势是指水在某一点拥有的能量。地表水的水力势基本上是重力和地球表面坡度的函数，而地下水的水力势则受重力、土壤孔隙度和渗透性、地下水位的梯度或坡度、环境空气压力和温度的影响。地下水通常从水力势较高的地区流向水力势较低的地区。因此，有可能出现一条溪流沿着一个地理方向从山的一侧流下，而其下伏的、与之水力联系的含水层中的地下水却流向完全不同方向的情况。因此，河流和与之有水力联系的含水层的流域边界并不总是重合的。例如，多瑙河的地表水及与之有水力联系的地下水一般都流向黑海这一终点。然而，在多瑙河的上游地区，河流从德国黑森林发源的同时，河水季节性地渗入河床下的基岩裂隙中，并通过裂隙进入莱茵河流域。因此，与多瑙河有水力联系的地下水有时会最终流向北海。这一情况正是 1927 年著名的德国符腾堡州和普鲁士州对巴登州提起诉讼的多瑙威辛根案的关键。

2.7 地下水的补给与排泄

2.7.1 地下水补给

地下水的补给是重力和位于含水层与补给源间地层渗透性的函数。含水层有以下补给途径：被雨水浸泡的地面通过土壤向下渗水、与之有水力联系的湖泊和溪流中的水及来自其他"越流"含水层的水。重要的是，各种人类活动，如灌溉作业、通过堤坝和运河输水及坝前蓄水，也能使含水层得到补给。

明布雷斯流域含水层位于美国新墨西哥州和墨西哥奇瓦瓦州的交界处，这一跨界含水层提供了地表水和地下水之间直接关联及含水层补给分布不均的例子。由于该含水层所处的干旱地区的蒸发量很大，因此全流域的降水和地表径流只有一小部分能实际到达含水层（只有平均年降水量的 2%）。含水层的大部分补给过程发生在流域北部的高地地区，那里的温度和蒸发量相对较低。该地区的补给源包括明布雷斯流域内唯一的主要常年河流明布雷斯河，以及一些季节性河流，如圣文森特河（Hawley et al., 2000）。

地表水和地下水资源之间的这种交流并不罕见，且极为重要，因为这意味着那些能影响其中一方水质和水量的因素也会对相互关联的其他水资源产生影响。此外，地表水和地下水资源之间的相互依存关系在时间和空间上的变化是非常普遍的。例如，一条河流可能在河道的某一处将水排入相关联的含水层，而在另一处从地下水中获得水量；或者某段河流可能在冬季干旱期将水排入含水层，而在夏季季风期从同一河流获得水量*。同样，多变的气候条件，如干旱和洪水，也会影响地表水体和与之水力联系含水层之间的流动方向及出入流关系。

2.7.2 地下水排泄

大多数含水层都有天然排泄区，水因此能够从含水层流出。与含水层的补给类似，含水层的排泄取决于重力和含水层排泄区的渗透性。因此，天然的排泄区包括泉、河流、湖泊、泻湖、沼泽和海洋，地下水通过地层向下渗透或横向渗透，并通过透水地层流出。当渗流来自承压含水层时，地下水的排泄也可以在垂直含水层的方向发生，因为含水层内的静水压力会迫使水通过裂隙和其他天然或人工途径向上流动，从而使水到达陆地表面。

2.7.3 无补给含水层

通常没有接收到任何实质性补给的含水层被称为古含水层或原生含水层。古含水层是指具有含水层功能的可渗透且多孔的地层（无论是承压的还是非承压的），但它在相当长的地质历史时期（通常以数千年或数万年计）内，完全或几乎完全与所有补给源和排泄源隔绝。古含水层所赋存的水是在该沉积地层具备含水层特质后，曾参与水文循环时所沉积的水。原生含水层代表了一种非常类似的情况，但其特征是含水层中包含的地下水与它所处的地层是同时沉积的。虽然两者之间的区别可能不大，但这两种含水层所含的水通常是停滞的，因为二者没有任何实质上的补给或排泄来促使水在地层内流动。此外，（古含水层内的）沉积水和（原生含水层内的）原生水通常有几千年到几百万年的历史，是在含水层与水文循环尚存关联的

---

* 原文词句可能存在问题。作者想表达的意思应该是：或者某含水层可能在冬季干旱期将水排入某河段，而在夏季季风期从同一河流获得水量。——译者

较早地质时代沉积下来的。这些水资源更为关键和具体的特征是，它们都构成了无补给含水层。换言之，在这些含水层中发现的地下水是不可再生的。一旦水被抽尽，该地层内的水资源就会枯竭，从而不再具有含水层的功能。

我们必须认识到，评估哪些含水层是无补给含水层的时间尺度通常是与地质年代尺度联系在一起的。地质年代通常以期（数百万年）、世（数千万年）、纪（数千万至1亿年）等时间尺度为单位（USGS，2010）。然而，无补给的概念也可以在人类寿命尺度内考虑。例如，就当代人类使用而言，一个平均补给时间为5000年的含水层也可能被视为无补给含水层。

无补给含水层可以是非承压或承压的。非承压无补给含水层通常出现在干旱环境中，因为这些地区缺乏补给，年降水量很小。非洲东北部的努比亚砂岩含水层就是一个没有明显补给跨界潜水含水层的例子，它横跨乍得、埃及、利比亚和苏丹等国，位于地表以下几米到几百米的深度，据估计，其内水的年龄至少有15 000年，甚至可长达35 000年，并于欧洲北部和中部末次冰期期间渗入该地层。尽管其上覆地层仍具一定的透水性，但现今的补给率微不足道，或者可以说几乎为零，且取决于降雨和山洪的偶然发生（Puri et al.，2001）。

相比之下，承压的无补给含水层要常见得多。乍得湖流域含水层系统的大陆末端、大陆间隔和大陆哈梅丁地层*就是一种完全没有补给的跨界承压含水层。这些地层位于距地表450 m以下的位置，其内水的年龄在20 000~40 000年（Alker，n.d.）。

2.8 地下水抽采

从水井中获取水的过程通常通过一个置于井孔中的泵吸装置实现。当泵开始运行时，它会影响水井附近地下水的正常流动，使该区域的水流向泵的吸入口。这种流动变化将影响井周围一定半径内的所有水流方向，也将导致井附近的地下水位下降。这种现象被描述为降落漏斗（以水井进水口为中心产生的地下水位的弧形漏斗状凹陷，见图2.5）。水位的最大降幅出现在"漏斗"的中心（抽水井处），并随着与抽水井距离的增加而减少。降落漏斗的形状和尺寸（地下水位在抽水井周围任何

---

* 原文为"Continental Terminal, Continental Intercalaire, and Continental Hamedien"。——译者

给定点的下降距离）取决于含水层的渗透性和抽水速度，从抽水井到地下水位下降为零的点的径向距离为影响半径或降落漏斗半径。影响半径以外的水（在抽水井的影响范围以外）不会流向抽水井进水口，而是按照其原有的流动模式运移[①]。

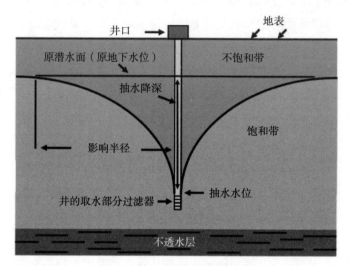

图 2.5　水井周围的降落漏斗

2.9　含水层功能

含水层的功能是指某特定地层表现为或运行为含水层的方式。含水层的功能包括储存和输送水、稀释和清除水中的废物及其他污染物、为水生生物群提供栖息地、为依赖含水层的生态系统提供淡水和营养物质。某些含水层甚至可以提供地热。所有这些功能都取决于每一个含水层的独特特性，如静水压力、导水率及矿物学、生物学和化学属性。此外，这些功能可能是相互依存的，以至于地层作为含水层的稳定性和可持续性取决于特定功能或一系列功能的持续运行。例如，过度抽取地下水可能导致含水层的一部分在自重作用下压实或坍塌，从而永久性地破坏该地层的储水和输水能力。

---

① 关于降落漏斗（cones of depression）形成机制的更多背景信息，请参见 Heath（2004）的著作。

2.10 地下水资源和含水层所面临的威胁

地下水资源和含水层的存续面临着一系列危机。这些威胁往往来自人类活动，但也可能来自自然条件的逐渐演变和突然变化。地下水资源面临的一个更严重的危机是超采。超采也被称为"采空"，指的是开采行业中发生的对碳氢化合物和其他可消耗自然资源的永久性移除，含水层的超采实际上是指地下水的抽取超过了自然补给。例如，在1940—1999年，位于墨西哥华雷斯市和美国埃尔帕索地下的休科博森含水层的地下水位下降了45 m之多，因此一些专家预测该含水层将在2025年前消亡。虽然近年来，休科博森含水层的枯竭速度已经放缓，但总取水速率仍然超过自然和人工补给率（Eckstein，2013）。当然，超采也可能发生在无补给含水层中，一旦人们开始抽水，就会立即导致"采空"发生。无论面临哪种情况，如果不加以限制和监测，对含水层的超采行为最终会耗尽这些资源。

虽然含水层的枯竭本身可能是一个严重的问题，但还有其他一些必须考虑的由超采衍生的问题。例如，含水层压实，当水从含水地层中抽出后，会留下空洞的孔隙和无法承受其上覆岩土层重力和压力的基质。其结果是地层发生坍塌和压实，以及该地层作为含水层的功能受到永久破坏。

与地下水枯竭和含水层压实相关的衍生后果是地面沉降（由于下伏地层的物理变化导致地表逐渐或突然发生不可逆转的下沉）。地面沉降可以发生在大面积区域，如加利福尼亚州的圣华金河谷，也可以发生在局部区域，从而造成地裂缝和坑洞。例如，墨西哥城在过去的一个世纪里每年沉降7~37 mm，这是由于当地市政部门和居民抽取地下水的速率远远超过了自然补给速率（Osmanoisğlu et al.，2011）。

此外，如果被开采的含水层位于沿海地区或与含盐水/咸水的地层相邻，那么，从淡水含水层中过度抽采地下水会造成地层间出现压力差，导致盐水侵入淡水地层。这种现象被称为盐水入侵，会导致含水层中的地下水受到污染，如果不进行淡化和处理，可能会导致含水层无法使用。人们从休科博森和跨越墨西哥-美国边界的其他含水层大量抽取地下水，使咸水迁移到含水层赋存淡水的区域，从而增加了这部分淡水资源的盐度（Far West Texas Water Planning Group，2011）。

除超采外，含水层还受到来自人类活动的其他威胁。农业、市政和工业活动产生的废水可渗入土壤，从而污染地下水。例如，在美国亚利桑那州和墨西哥索诺拉省交界的诺加莱斯，地形条件加上索诺拉州一侧缺乏基础设施，导致墨西哥居民区产生的大量污水和废水顺着山势流入亚利桑那州诺加莱斯（Levesque et al.，2003）。而在新墨西哥州的拉斯克鲁塞斯，由于四氯乙烯污染，美国国家环境保护局将该市位于梅西拉博尔森跨界含水层的一段井场指定为污染场地（USEPA，2007）。被化学物质污染的含水层可能需要几个月、几年或几个世纪才能摆脱这些污染物，时间长短则取决于污染的性质和程度。此外，尽管在某些情况下，人们可以通过机械过滤或冲洗含水层来清除污染物，但这些工序通常非常昂贵。

此外，涉及开采矿物、碳氢化合物和其他赋存于含水层基质中的自然资源的活动会破坏地层。同样，建筑和土地使用与开发活动，无论是移除部分地层还是将地基、地脚、桩和桥墩安装到地下，都会破坏部分含水层或永久影响其功能。

同时，对地下水资源和含水层的威胁也可能来自自然环境。尽管在通常情况下，降水和气候条件的变化速率比人类活动引起的变化速率要慢得多，且以数千年或更长的时间为尺度，但这些变化可能会对地下水资源产生重大影响。例如，非洲北部的努比亚砂岩含水层中的水是在 40 000~20 000 年前，然后又在约 8000 年前，在更湿润的气候条件下沉积的。该地区近期普遍存在的高度干旱气候条件几乎消除了对含水层的所有补给。当然，最近的气候变化，如果不是全部，至少部分归因于人类活动，也让这一局面更加棘手。据估计，全球水资源短缺情况的预期增长中，有多达 20% 可能是由目前正在发生的急剧气候变化造成的（Sophocleous，2004）。全球地下水资源将如何受影响及受影响的程度还有待充分评估。

然而，自然现象有时也会在非常迅速的情况下影响地下水资源和含水层。其中，这些自然情况可能包括能移动地层或补给区的地震，以及淹没沿海地区并使沿海浅层含水层受到盐水污染的海啸。后一种情况的例子发生在 2004 年 12 月，印度洋海啸对整个亚洲南部造成了广泛的破坏，仅在斯里兰卡就污染了 40 000 多口水井（Illangasekare et al.，2006）。

第 3 章
跨界背景下的地下水资源[①]

3.1 本章概述

如同地表水，地下水也不受政治边界的约束。含水层内的水可以沿着国际边界流动，或穿越国际边界，且经常与邻国其他地表水体或地下水体相连，从而构成了更大水文系统的一部分。在大多数情况下，跨界河流和湖泊在水力上与一个或多个国内或跨界含水层相关联。

各主权国家划定的国界通常是各国对其管辖范围内发现的固态自然资源提出所有权的根据。例如，相邻国家对跨越边界的矿藏的所有权通常根据官方地图上描绘的国家边界划分。然而，对流动的流体自然资源（特别是那些可再生资源）进行类似的所有权划分则具有挑战性，因为在没有各个共享国家协助与合作的情况下，很难确定各国应得的确切份额。对于地下水资源，由于它赋存于地下、无法直接观测，因此使这一问题变得更加复杂。

由于地下水的流动性和动态变化，即使在邻国的协助下，我们往往也很难准确地探明含水层的地理空间位置和体积。同样，虽然可以借助参数和数学模型来估算，但要测出跨越国际边界的地下水流量却是极其困难的。因此，鉴于水文循环的动态变化和复杂性，试图为任何一滴水溯源都是不现实的。而且，准确预测跨界含水层中的水何时会出现在边界另一侧的抽水井中同样是不现实的。

此外，大多数含水层与水文循环紧密相连，定期接受和传输水，因此会受到水

---

① 本章基于 Eckstein 等（2003b）的文章。

量和水质波动的影响。水文循环中任何一个环节的水量减少或水质下降都会对地下水资源产生影响，反之亦然。但这并不是说所有含水层都与地表水相互关联。例如，古含水层和原生含水层均是无补给含水层，与水文循环的其他部分并没有实质性的联系（见第2章）。因此，它们可能需要特殊的管理方式。然而，大多数含水层在水文上与地表水有相互依存的关系，或通过水量交换频繁的补给区和排泄区与水文循环相关联。所以，地下水和其他相互关联的淡水资源需要采用整体的方式进行利用、管理、保护和监管。此外，若能证明这种水力联系跨越国界，那么主权的观念必须让位于全面且可持续的跨界水资源管理。

3.2 跨界含水层模型

一个含水层何时可能引发跨界影响和国际问题呢？哪些条件会引发跨界影响，这些影响又在什么情况下可能会消除？是否所有具有跨界影响的含水层都应得到类似的处理，还是可以为不同的情景制定不同的管理制度？下面各节提供了6个概念模型，以说明地下水资源可能产生跨界影响的各种情况。尽管这些模型并未涵盖水文地质学层面上可能出现的所有跨界影响，但它们代表了利用含水层可能导致的常见跨界影响——无论是消极的影响还是积极的影响。此外，这6个案例均为科学上合理的通用模型，与当前的水文地质学知识相符合。同时，它们也基于并代表了任一含水层可能产生跨界影响的大多数情况。

尽管其有效性毋庸置疑，但出于解释和讨论的目的，这些案例都是简化的概念模型。在实际场景中，情况可能比案例中描述的更加复杂。例如，一个含水层完全有可能同时展现出本节所提出的两个或多个概念模型的特征。然而，在制定跨界含水层的国际法和管理机制时，这些案例特别有助于：

（1）了解并探索与地下水资源有关的潜在跨界后果；

（2）测试、评估和完善现有和拟议的国际法原则；

（3）针对每个含水层或含水层系统的独特特性，构思出定制化的管理机制；

（4）制定双边或多边协议中涉及一个或多个跨界含水层利益和义务的条款。

值得注意的是，本章的其余部分既是技术性的也是概念性的。其技术性体现在将第2章介绍的科学知识应用于各种跨界地下水情景，概念性则在于这些内容描述了几种含水层与河流之间的关系和流动机制，其中一些概念也颇为抽象且复杂。虽然许多在含水层与河流关系研究方面有经验的水文地质学家和工程师可能能够在脑海中构想出这些概念，同时本章也提供了一些插图，但其他读者可能需要回顾第 2 章或使用纸笔绘制各种情景，以辅助理解。

模型 A

模型 A 展示了一个在水力上与一条界河（contiguous river）相关联的潜水含水层（见图 3.1）。界河是指流经两个沿岸国家并构成其边界的河流。因此，本模型中的含水层及其相关联河流都被视为跨界的。含水层被认为是跨界含水层，因为地层和包含在地层中的地下水跨越了政治边界。河流同样是跨界的，因为河道划定并构成了两个沿岸国家的边界，而水道内的水沿两国边界、同时也在两国境内流动。

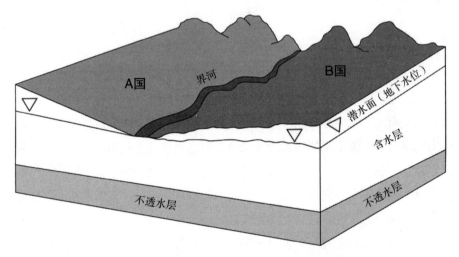

图 3.1　模型 A：跨界潜水含水层与界河相关联

这个模型的显著特征在于，整个含水层被一条相关联的界河一分为二。虽然含水层作为一个整体存在——水体一部分位于边界的一侧而另一部分位于另一侧，但河流的毗连性有效减少了边界一侧（如 A 国）的活动对另一侧（如 B 国）的影响。无论河流是出流型还是入流型，这一点都成立。

例如，假设模型 A 中的 A 国决定用一口水井对它所在的跨界含水层部分进行抽采，并如模型 A 所描述的那样，假设将潜水含水层一分为二的界河与含水层呈出流关系。在这种情况下，含水层自身的水力势及界河的下游流动将对含水层两侧水量和水质变化带来的影响产生缓冲。由于在出流关系中，水通常从含水层流向河流，因此 A 国境内的含水层抽水活动不太可能对 B 国境内的含水层部分造成影响，除非 A 国的抽采活动远远超出含水层的天然补给能力。即使抽水量过大，其影响也会首先作用于河流，使河流与含水层的出流关系变为入流关系，但这种关系转换只发生于 A 国境内，而且仅在抽水井降落漏斗范围内。含水层位于 B 国境内未被抽采的那部分则仍与河流保持出流关系。同样，位于抽水井降落漏斗之外的其他河段——井上游和下游的边界两侧也将保持出流关系。然而，如果抽水确实影响了河流的流量或水量，那么这种对边界河流的作用显然构成了跨界影响，因为其后果将通过边界两侧的地表水道在下游显现。此外，如果地下水抽采的速率和总量持续增加，A 国抽水井周围的降落漏斗最终可能扩大到足以跨越河流边界，从而影响 B 国境内的含水层部分。

从另一角度来看，一条与非承压含水层相交的出流型界河能将污染物及其他负面影响带入河道，进而阻止它们从含水层一侧跨越至另一侧。在这种情况下，两个含水层部分之间的跨界关系将是薄弱的。然而，如果含水层一侧或两侧部分中的负面影响被带入并污染河流本身，则会产生跨界影响。由于河流构成了两国的边界，其影响将是跨界的。此外，B 国含水层中的污染物可能因 A 国的超采而跨越边界，该井将抽取到 B 国境内的地下水，从而导致 B 国一侧含水层的污染物越过边界并向抽水井迁移。

现在考虑模型 A 所刻画的另一种情形，即模型中界河与含水层呈入流关系。在这种情况下，含水层内地下水的水力势和流动路径通常会远离或平行于河流。因此，A 国境内的抽水通常不会影响 B 国境内的含水层部分，除非抽水活动远远超过含水层的天然补给能力。如果 A 国的抽水量过大，其影响首先会作用于界河，使入流关系进一步强化，A 国的抽水井将从河流中抽取更多的水。然而，这一行为可能会带来跨界后果，因为 A 国的抽水活动会使国际水道的流量和水量减少，而边界两侧的下游地带都会感受到这种变化。如果抽水量持续增加，最终 A 国抽水井周围的降落漏斗会从界河之下延伸到 B 国，并将 B 国境内的地下水抽入 A 国的水井。

同样，一条与非承压含水层相交的入流型界河的水力势和流动路径将成为阻止污染物和其他负面影响从含水层一侧跨越至另一侧的屏障。然而，如果污染物在河流中引入或源于河流，它们则可能渗透到河流两侧的含水层中，通过河流和含水层之间的关系而加剧跨界影响。此外，A 国的过度抽水可能导致其抽水井降落漏斗扩展到 B 国领土，并将 B 国含水层内的水及其污染物吸至 A 国水井中。

最后，特别值得注意的一点是，河流与含水层的关系可以在其接触面范围内有所变化。换言之，一条河流可以在其某一河段与下伏含水层呈流出关系，而在另一河段与之呈入流关系。基于地形、地质条件、降水、土壤渗透性和导水率等因素，这种情况可能发生在与河流有水力联系的同一个或不同含水层。此外，河流和下伏含水层之间的入流和出流关系还会受气候条件的影响，实际上也可以随着天气的变化而变化，从而可能导致产生间歇性的跨界后果。

跨界潜水含水层与将之一分为二的界河存在水力联系的例子包括美墨边境的 Red Light Draw 河* 含水层、休科伯森含水层和格兰德河含水层。这 3 个含水层均属潜水含水层，与界河格兰德河有着直接的水力联系，含水层内地下水沿美国得克萨斯州和墨西哥奇瓦瓦州的边界（格兰德河）流动（Hibbs et al., 1998; IBWC, 1998）。另一个例子是多瑙河冲积平原含水层，它位于多瑙河以下，并与多瑙河有着水力联系，多瑙河是构成克罗地亚与塞尔维亚边界的水道，并穿越其他多个欧洲国家的边界（Mijatovic, 1998）。

模型 B

模型 B 描绘的情况与模型 A 相似，同样描述了一个被国际边界横穿并被一条跨界河流一分为二的潜水含水层（见图 3.2）。然而，主要的区别在于，模型 B 中的河流是一条跨界河流——从一个国家流过国际边界并进入另一个国家，而不是一条界河中。换言之，国际政治边界同时划分了含水层和与之有水力联系的河流。在这

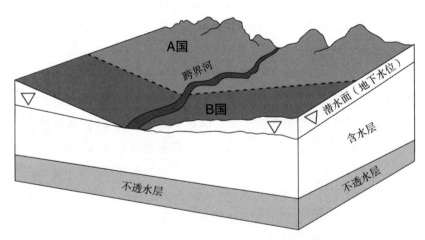

图 3.2 模型 B：跨界潜水含水层与跨界河流相关联

---

* Red Light Draw 河，又称 Quitman Arroyo（奎特曼阿罗约）河。——译者

个特定的模型中，A 国被定位为含水层和河流的上游国家。然而，正如第 2 章所指出的，地下水流域不一定遵循与之相关联河流流域的分布特征。完全有可能出现：河流沿地形地势流向一个方向，而与之相关联的地下水流域却流向一个完全不同的方向。

尽管如此，根据模型 B 中描绘的含水层-河流关系，该潜水含水层内的地下水与河水流动方向是平行的，坡度与重力将足以解释这种含水层-河流关系所带来的跨界后果。在自然条件下，地表水与地下水都会倾向从 A 国流向 B 国，这意味着无论河流与含水层的关系是出流还是入流，均可能影响 B 国的水质。例如，如果河流在 A 国的上游是出流的（地下水补给河流），而在 B 国的下游是入流的（河流向含水层排泄水），那么在 A 国的河段或含水层某断面中发现的任何污染或其他负面影响都可能被河流带到下游，从而污染 B 国境内河道两侧的含水层部分。即使河流在整个过程中始终是出流的，它也会将 A 国的污染物带到 B 国。当然，污染 A 国境内含水层部分的污染物也可能通过天然地下水流穿过边界渗入 B 国境内。

当 A 国开始抽采其境内的含水层时，可能会以多种形式造成跨界影响。如果 A 国在它与 B 国的边界附近设置抽水井，可能会减少流入 B 国的地下水水量。如果抽水强度足够大，那么 A 国甚至可能会逆转地下水的自然流向，使 B 国的部分地下水克服重力作用，流向 A 国的抽水井。然而，这种影响将局限于抽水井降落漏斗内，不会影响边境地带其他地方的地下水流。这种特殊情况曾在 20 世纪 60 年代末发生于墨西哥索诺拉-美国亚利桑那州边境，当时墨西哥在边界以南的圣路易斯附近钻井抽水。由于墨西哥的抽水活动，原本朝北流向美国的地下水在抽水井的影响范围内改变了流向，开始流向墨西哥的水井（Mumme，1998）。

同样，A 国也可以通过在其管辖范围内的河段附近建设抽水井来影响河流中的水流。如果抽水强度足够大，抽水井的降落漏斗可能会扩展至河流，使河道内部分水流向抽水井。这将减少河流中通常会流向 B 国的水量。

虽然模型 B 所描绘的自然水流是从 A 国流向 B 国的，但 B 国的抽水行为也可能会对 A 国产生跨界影响。例如，若 B 国在它与 A 国的边界附近安装抽水井，则可能会加快地下水自然流向 B 国的速率。

跨越加拿大不列颠哥伦比亚省南部和美国华盛顿州北部边界的阿博茨福德-苏马斯含水层就是这样一个跨界潜水含水层的例子，国际边界横穿其上，同时被一条跨界河流一分为二。该含水层与苏玛斯河、伯特兰溪和鱼嘴溪有直接水力联系，这些河流都从加拿大流入美国（Abbotsford-Sumas Aquifer International Task

Force, n.d.）。其他例子包括匈牙利和罗马尼亚之下的穆雷斯-马洛斯含水层，它与上覆的穆雷斯-马洛斯河有水力联系，该河是提萨河和多瑙河的支流（European Commission, 2007）；以及主要为潜水含水层的圣佩德罗流域含水层，该含水层跨越墨西哥索诺拉北部和美国亚利桑那州南部的边界，与圣佩德罗河有水力联系，后者向北流入美国，汇入科罗拉多河的主要支流吉拉河（Arias, 2000）。

模型 C

模型 C 与前两个模型类似，描绘了一个潜水含水层，该含水层被国际边界和一条与之有水力联系的河流一分为二（见图 3.3）。与前两个模型不同，这个案例中的河流是完全位于国内的，仅在一个国家（这里指 B 国）的领土内流动。因此，这个模型的一个关键特征是，该含水层-河流系统的跨界特性完全体现在含水层上。这一点很重要，因为该模型的跨界影响完全取决于地下水在含水层内的水流分布。但这并不意味着模型中的河流是无关紧要的因素。相反，河流的重要性在于它对含水层中水流的影响程度，这主要取决于河流与含水层之间是出流还是入流关系。此外，出于政治和法律原因，将国内河流纳入该模型也非常重要——将该模型定义为可能不属于某些国际协议范畴的一种情况。这一点将在第 5 章中详细讨论。

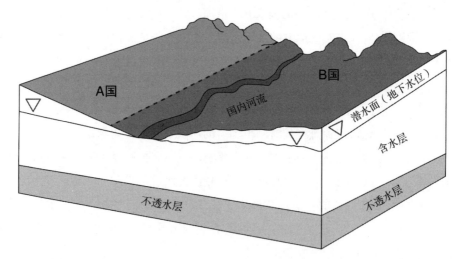

图 3.3　模型 C：跨界潜水含水层与国内河流关联

模型 C 中提供的例子表明，地下水从 A 国流入 B 国，最终流向 B 国的河流。图 3.3 中的潜水面向河流倾斜，这表示一种出流关系。在这种情景下，地下水流会自然地将 A 国出现的任何污染物带入 B 国，同时也带入 B 国的河流。如果 B 国在位于其境内的含水层部分抽采地下水，那么根据抽水的速率和范围，可能会在抽水井周围（降落漏斗内）加快水的流动。相反，若 A 国从位于其境内的含水层部分抽采地下水，根据其抽水的速率和范围，A 国同样可以在其抽水井附近逆转水流流向，使地下水从 B 国流向 A 国。在这种情况下，出现于 A 国水井影响半径内的任何污染物，包括位于 B 国境内含水层部分的污染物，都可能流入 A 国。此外，如果 A 国的抽水强度足够大，最终可能影响 B 国国内河流的水流。

如果模型描述的是含水层与河流之间的入流关系，即地下水在自然条件下从河流流入含水层，那么类似的解释同样适用。在这种情况下，地下水会自然地从 B 国越过边界流入 A 国。因此，一方面，如果 A 国在它与 B 国的边界附近建设一个抽水井，则可能会加速抽水井影响半径范围内的跨界地下水流动速率和水量。另一方面，如果 B 国在它与 A 国的边界附近建设一个抽水井，就会减少地下水的跨界自然流动，甚至在井的影响半径内逆转这种自然流动。

美国西南部的明布雷斯流域含水层就是一个跨界潜水含水层被国内河流一分为二的例子。该潜水含水层横跨墨西哥北部和美国新墨西哥州南部，与完全在美国境内流动的明布雷斯河有水力联系，该含水层与河流呈入流关系（Hebard，2000）。

模型 D

模型 D 颠覆了模型 C 的示例，提出了一个新的典型情景，即潜水含水层在地理上完全位于一个国家内，而与之有水力联系的河流是跨界河流。因此，河流是该系统中唯一具有实际跨界属性的组成部分，而含水层本身并不跨界。在确定潜在的跨界后果时，尤其重要的是，国内含水层可能位于下游或上游。在图 3.4 中，含水层位于下游。

这一情境下产生的跨界影响取决于两个关键因素：国内含水层是位于上游国家还是下游国家，以及含水层与河流是呈出流关系还是入流关系。在含水层完全位于下游国家境内的情况下（如模型 D 所描绘的那样），只有在河流与含水层呈入流关系时（例如，河水渗入或流入含水层）才可能产生跨界后果。在这种情况下，上游的 A 国将单独承担保障河流的水质与水量，并最终影响 B 国下游含水层的机会和责任。换言之，如果 A 国减少了流向 B 国的水量或导致污染流向下游 B 国，那么其行为可能对流入含水层的水量或水质产生跨界影响。如果跨界河流与下游国境内含水层呈出流关系，尽管河流本身的水量减少或水质下降可能产生跨界影响，但由于河流不向该国的含水层供水，所以不会引起与 B 国地下水相关的跨界问题。

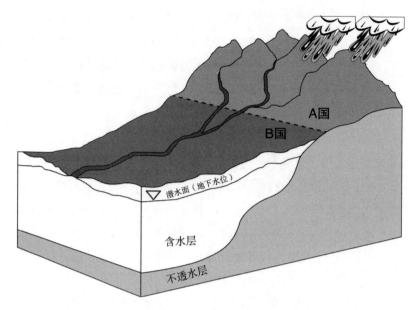

图 3.4 模型 D：国内潜水含水层与跨界河流关联

当含水层完全位于上游国家时，那么保障流向 B 国的水量与水质的机会和责任将完全掌握在上游国家 A 手中。此外，无论河流与含水层呈出流关系还是入流关系，都可能产生跨界后果。例如，如果 A 国从上游含水层中抽水，就会把现有的出流关系转变为入流关系。如果河流与含水层已然呈入流关系，那么抽水行为可能会加速水从河流流向含水层，从而减少通过河流流向下游的水量。如果跨界河流与 A 国的国内含水层呈出流关系，那么在水道附近进入含水层的任何污染都可能进入河流，并在下游河段进入 B 国。

希拉河流域含水层就是一个跨界河流与完全位于下游国家的国内含水层存在水力联系的例子。该含水层跨越美国亚利桑那州、加利福尼亚州、内华达州和新墨西哥州部分地区，完全位于美国境内，但在水力上与希拉河呈入流关系。希拉河的重要上游支流（如圣佩德罗河）发源于墨西哥，使得希拉河含水层容易受到这些支流在墨西哥境内部分水量和水质变化的影响（Hawley, 2000）。独特的是，希拉河流域含水层同时还提供了跨界河流与完全位于上游国国内的含水层存在水力联系的例子。希拉河是科罗拉多河的一个主要支流，最终流入墨西哥。因此，希拉河流域含水层处于墨西哥上游。

模型 E

模型 E 呈现的含水层情境与上述案例完全不同，展示了一个跨越国际政治边界的含水层，但一个明显的区别是它与河流或其他地表水体没有任何实质意义上的联系（见图 3.5）。因此，这种情境下产生的一些跨界影响主要涉及 A 国和 B 国之间的地下水流量和水质，而所有这些都取决于其中一方或双方的地下水抽采情况。例如，一方面，如果 B 国过度抽采其境内的含水层部分，可能会在抽水井降落漏斗范围内加快地下水从 A 国向 B 国流动的速率；另一方面，如果 A 国在其境内高速抽取地下水，就会在抽水井影响半径内逆转地下水流向，使水流向 A 国。此外，任何一国的超采都可能将另一国境内出现的污染物吸入本国的水井。

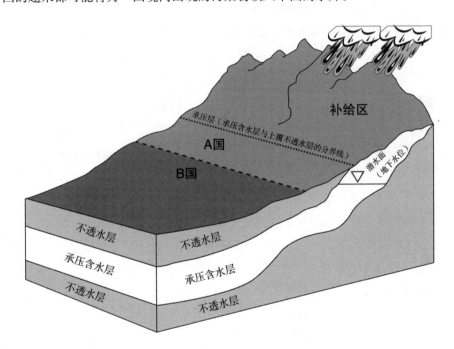

图 3.5 模型 E：补给区位于一国境内的跨界承压含水层

然而，该模型还有另一个重要特征，这为产生跨界后果创造了额外的可能性。模型中的含水层是一个上下均被不透水地层所包围且受静水压力影响的承压含水层。大多数承压含水层都有一个天然补给区（通常位于地表露头的非承压部分），模型 E 也描绘了这种补给区。

补给区的存在及其在含水层国的具体位置引发了含水层管控的关键问题。由于承压含水层的存在依赖补给区，任何对补给区作为含水层补给源的功能、构成补给区的露头层基质或流经补给区的水质产生负面影响的活动，都可能造成负面的跨界影响。

本模型展示了一个补给区完全位于A国境内的含水层。虽然也有补给区实际位于多个含水层国的情况，但这个特定情境强调了补给区和补给过程对含水层的可持续性和功能的重要性。此外，这个例子也表明，在一些情况下，保障跨界含水层可持续性和正常功能的机会和责任完全掌握在其中一个含水层国手中。例如，如果模型E中的A国开始开发包括补给区在内的地层，可能会损害或破坏其余（地层）基质向含水层传输水的能力。如果A国通过修造建筑物、铺设路面（路面硬化）或以其他可能将地表水导出该区域的方式开发补给区，则会大大减少渗入补给区的水量。如果A国通过农田径流、化学品泄漏或弃置未经处理的城市和工业废弃物等方式向补给区排放污染物，则可能污染含水层，使它无法正常使用。

在所有这些设想的情境中，A国都处于控制补给区并因此影响整个含水层存续的独特地位。然而，即使补给区仅部分位于A国境内，A国在管理含水层方面的作用也是重要的。只要一国在其境内拥有补给区，特别是对承压跨界含水层而言，其行为就有可能影响该含水层某部分的地下水水量和水质。

跨越国际政治边界，且补给区位于一个或多个含水层国境内的承压含水层案例包括澳柏含水层和诺索布含水层，它们是斯坦普里特卡拉哈里-卡鲁含水层系统中的两个承压地层，横跨博茨瓦纳、纳米比亚和南非边界。这两个含水层的主要补给源是季节性的，主要在纳米比亚境内接受补给，其内地下水由西北向东南方向流向博茨瓦纳和南非（Braune et al.，2003）。另一个例子是瓜拉尼含水层，它位于阿根廷、巴西、巴拉圭和乌拉圭，其90%的部分是承压的。瓜拉尼含水层主要通过降雨渗入外围无上覆层的含水层露头接受补给，补给区主要在巴西、巴拉圭西部和乌拉圭北部（World Bank，2009）。

模型E的一个变体带来了意想不到的特殊问题——承压含水层完全或几乎完全是国内的（只在一个国家的领土内），但其补给区却延伸到另一个国家的领土内。这种情况会导致的后果是，该含水层带来的利益可能只归于或主要归于某一个国家，而保障含水层补给的负担将落在邻国身上。虽然含水层本身不被认为是跨界的，但补给区位于另一国家内的客观事实显然会产生跨界影响。然而，由于拥有补给区的国家不能享受含水层本身带来的好处，因此这些国家没有保障含水层可持续性和正常功能的直接动力。这就是山区含水层所面临的情况——尽管承压含水层基本位于以色列境内，但其补给区却几乎全部位于巴勒斯坦境内的约旦河西岸地区。

模型 F

模型 F 展示了另一种独特的含水层类型——无补给含水层。这是一种在水文上与任何地表水体均无关联的含水层，赋存沉积水或原生水。虽然图 3.6 描绘的是潜水含水层，但无补给含水层既可以是承压含水层，也可以是潜水含水层。

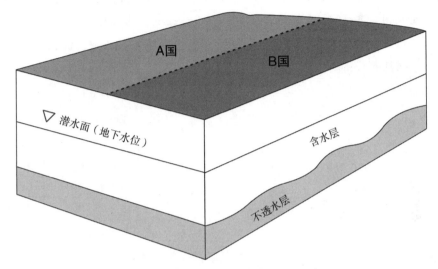

图 3.6　模型 F：跨界潜水含水层

如第 2 章所述，脱离水文循环的含水层特别容易枯竭。任何抽水活动都会减少含水层中的地下水量，持续的抽采终将耗尽含水层内的水资源。因此，与跨界无补给含水层有关的跨界影响几乎完全是由一个或多个含水层国的抽水行为造成的。当一个含水层国从这类含水层的水井中抽取地下水时，将产生一个不断扩大的降落漏斗，这一降落漏斗的范围终将跨越边界、侵入邻国的地下空间。此外，该抽水井井口周围也会产生流场。国内法、国际法或国际条约对抽水速率的任何限制都可能减缓降落漏斗的扩张速度。然而，这并不能完全阻止它的扩张。当然，位于边界两侧竞相抽水的两口井将产生两个降落漏斗，该跨界含水层的总耗竭率将取决于这些井的抽水速率。

除了易枯竭外，这种含水层还特别容易受到污染。无补给含水层所含的地下水通常是停滞的，或以相对缓慢的速度流动。这是因为没有任何天然补给和排泄来促使含水层内的水流动。因此，任何进入这种含水层的污染物将仅影响污染点的附近区域。然而，从无补给含水层中抽水的井将在以进水口为中心的降落漏斗内形成一个流场。在这种情况下，如果污染物在井的影响半径内，抽水泵将把污染物吸向井口，并污染含水层的更多区域。当然，如果布设得巧妙，抽水井可以从含水层中提取污染物，但同时也会进一步消耗含水层中的地下水。而位置不佳的抽水井可能会加剧含水层污染，并将污染物转移到含水层的其他部分。

跨界无补给含水层的例子包括非洲东北部位于乍得、埃及、利比亚和苏丹的努比亚沙岩含水层（Ebraheem et al., 2002），覆盖阿尔及利亚和突尼斯并可能延伸到利比亚和摩洛哥的复合终端含水层（Krishna et al., 1999），位于阿尔及利亚和突尼斯，可能还包括利比亚和摩洛哥的大陆间含水层（Krishna et al., 1999），以及约旦东南部和沙特阿拉伯西北部的阿尔萨格／阿尔迪西含水层（UN-ESCWA et al., 2013）。

第 4 章
关于地下水资源的早期条约

4.1 本章概述

长久以来，地下水资源都被各层级公民社会当作水法中不被重视的"继子"。直到最近，大多数国内法律体系要么忽视地下水资源，要么明显地将其与地表水资源区别对待。此外，在国际舞台上，尽管自公元 805 年以来已有超过 3600 个关于跨界地表水体使用的国际条约，且自 1820 年以来就有 400 余个（Wolf, 2002），但直接解决跨界含水层管理问题的条约却屈指可数。跨越国际政治边界的地下水资源一直以来都在那些具有国际影响的项目中遭忽视，在涉水条约与涉环境条约中一贯被省略，也在许多法律语篇中被含糊地曲解。

一些国际法学家似乎以"眼不见心不烦"这句话来宽恕这种现状，并强调地下水资源隐蔽的特性长久以来挑战着人们理解其特征、起源、流体动力学及与地表水联系等问题的能力。正如第 2 章所示，许多司法管辖区长久以来认为地下水是不可知的、隐秘的，且不利于管理的。在美国，施行前工业化法规的法院将这种观念一直持续到 20 世纪。例如，1911 年纽约大陆珠宝过滤公司-琼斯（New York Continental Jewell Filtration v. Jones）案中，哥伦比亚特区上诉法院声明：

渗流的地下水是一种散漫的物质，像空气一样，不受任何现行法律规则约束。这种水的存在、来源、路径和流动，以及支配和引导其流动的因素，都如此的神秘、隐秘和不确定，以至于试图建立或执行任何有关它们的法律规则都几乎是不可能的。

同样，1966年加拿大蒙大拿州最高法院柏金斯-克莱默（Perkins v. Kramer）案重申并强调了百年前佛蒙特州最高法院1855年查特菲尔德-威尔森（Chatfield v. Wilson）案的判决，并解释说：

鉴于地下水的运动不易被追踪，本法院宣布："地下水在运行中隐秘、多变和不可控制的特性使我们很难将其纳入法律的规制之下，也无法像对待地表水流那样建立一套规则体系。"

虽然人们对地下水的真实性质缺乏了解，同时也对其怀有超自然的信念，但这无疑对法律提出了挑战，但也有人认为，在法律的话语体系和发展中缺乏对地下水的关注其实基于一个必然的论点——法律无法跟上科学理解的步伐。主张这一观点的人声称，作为公众知识和优先事项的运行载体，法律并不能很好地预测社会需求，并且通常会对不断变化的环境和需求做出反应。因此，人们能够制定和完善适当的法律法规以应对科学和社会发展往往要经过几年或几十年。正如国际法院著名法官Manfred Lachs所感叹的那样，"社会和经济变革的加速，加之科学和技术的进步，使法律面临着严重的挑战：它必须迎接这一挑战，否则它将比以往更加落后"。（North Sea Continental Shelf，1969，p. 218）人类在石棉、双对氯苯基三氯乙烷（DDT）、气候变化和其他许多情况下的经历就提供了大量的例子，表明相关法律法规已经滞后于新的知识和信息。

人们忽视地下水的另外两个理由也值得深思。一个理由是，对水文循环的无意误解（以及偶尔的有意忽视）导致决策者对地表水和地下水资源制定并应用不同甚至互不相容的法律制度。为了强调其不合理性，一些学者将这种特殊的病症称为"水分裂症"（hydroschizophrenia）①。

另一个理由则特别针对跨越国际政治边界的含水层——跨界含水层，人们认为罪魁祸首是许多国家所持有的观念，即地下水完全受领土主权的约束。这一论点往往通过与其他自然资源，如石油和天然气藏及固态矿物资源的类比来支撑，许多人还参照联合国大会1962年关于"自然资源永久主权"的第1803（XⅦ）号决议来辩护。因此，支持者认为，在国际边界划定领土边界的地方，也必然延伸到地表以下，并延伸到边界线内含水层部分所包含的任何地下水。第5章将简要地回顾这一特定

---

① 最早使用这一术语的可能是美国地质调查局的Raymond L. Nace，他在相关研究（Nace，1973）中提到了这一困扰。

论点。

不管它们各自的优点是什么，这些解释综合在一起可能是造成国家和国际层面不重视地下水资源的原因。尽管科学家现在可以获取大量的、关于地下水资源的有用信息，但成本和技术能力阻碍了许多国家制定探索和管理其地下水的统一战略。一些国家，如印度，正在面临一场"无声的革命"，即地下水抽采猖獗，不受监控，不受管制（Llamas et al., 2005），而其他国家，如尼日利亚，尚未开发这种隐藏的宝藏。此外，大多数国家继续对其地下水采用不同的、甚至是过时的国内监管机制，由于持续的知识缺乏、长期做法的惯性和根深蒂固的利益，在没有发生重大的社会、经济或环境破坏的情况下，这些机制不太可能改变。气候变化是否会成为这种变化的催化剂，还有待观察。

本节以下部分探讨了一些不同司法传统下的国内地下水法，以便帮助我们更好地理解在国际层面上制定地下水相关法律制度所面临的挑战。通过学习各国如何看待和管理各自的国内地下水资源，我们可以更好地理解各国在跨界地下水资源问题上相互交涉的方式。

4.2 国内法中的地下水问题

在过去的几千年里，随着文明的发展和对淡水资源需求的增加，许多社区开始使用地下水资源以增补现有的地表水供应。随之而来的是，不可避免的需求和权利冲突常常引发纠纷，社区因此建立了新的规则来处理各方的投诉并尽量减少争执。从这些经验中涌现出的一些关键特征，特别是赋予土地所有者和公众对地下水资源的各种权利，与国际地下水法的发展尤为相关。

例如，罗马法将地下水视为上覆土地的一部分，或作为一种转瞬即逝的自然资源，可通过捕获（通过水井抽水）而获得所有权。在公元 6 世纪，罗马皇帝查士丁尼一世对之前的所有法律文献进行了全面编纂，产生了《查士丁尼文摘》。其中包含一段被认为是源自马库斯·克劳迪乌斯·马塞勒斯（Marcus Claudius Marcellus）的话，他是公元前 1000 年时期的一位高级罗马法学家，他断言："任何诉讼，甚至欺诈诉讼，都不能起诉在自己的土地上挖掘水源时分流邻居供水的人。"（Watson, 2011, p. 398 [乌尔比安，《法令》，第 53 书，第 3 条]）生活在马库斯身后几百年的另一位罗马法学家多米提乌斯·乌尔比安（Domitius Ulpian）的一段话也描述了对地下水资源的权利（Watson, 2011, p. 398［乌尔比安,《法令》, 第 81 书, 第 24 条］）：

再次，让我们考虑什么情况会被视为造成损害；因为该规定涵盖了由房屋、场地或工作的缺陷造成的损害。假设我在自己的住处挖了一口井，而因此切断了你的井的水源。我需要负责任吗？特雷巴提乌斯（Trebatius）说我不需要对可能发生的损害负责，因为我不应该被认为是由于我进行的工作中的任何缺陷而对你造成了伤害，因为此事是我在行使我的权利。

这些回答表明，尽管土地所有者享有抽取其土地下流动的地下水的唯一合法权利，但与之相邻的财产所有者却拥有"相关权利"，他可以通过从他自己的土地下开采这部分地下水（指本属于相邻土地的地下水）而不承担责任。换言之，罗马法体系下，人们对合法开采地下水，但影响相邻或附近土地上的水井供水的行为不承担责任。

虽然对罗马法的讨论可能看起来很古板，但值得记住的是，正是它孕育了现在全球普及的海洋法系和大陆法系。根据《法国民法典》，只要土地所有者不对邻居的财产造成负面影响，他就可以充分利用其土地上的泉水（Caponera et al., 1978）。对拉丁美洲和菲律宾地下水法产生很大影响的西班牙法律沿袭了罗马法的基础，但增加了一个稍显进步的概念，即公共土地下的地下水是公共水资源（Hayton, 1982）。

美国大部分地区在加入联邦时实施英格兰普通法，沿用地下水所有权的"先取先得规则"*。根据"先取先得规则"，土地所有者可以从他们的土地下随意抽取地下水，而不需要对相邻土地所有者的损失承担任何责任。例如，在得克萨斯州，该州最高法院最近在 2012 年爱德华含水层管理方-戴（Edward Aquifer Authority v. Day）一案中断言，正如土地所有者对其土地下的石油和天然气藏拥有产权一样，他们也"对地下水拥有宪法规定的应有的权益"①。换言之，得克萨斯州的土地所有者对其

---

* 原文为 "rule of groundwater ownership through capture"，可译为 "地下水所有权的捕获规则" "地下水所有权的获取规则" "地下水所有权的先取先得规则"。虽按词义本身翻译为 "捕获规则"，但结合该规则的实际含义，本书翻译成 "先取先得规则" 可能更恰当。——译者

① 如今，得克萨斯州的法院承认绝对免责的 3 个例外：(i) 故意抽取地下水以损害邻近土地所有者；(ii) 在抽取地下水的过程中由于疏忽导致邻近土地产生地面沉降；(iii) 以某种被认为会浪费水资源的方式抽取地下水。根据得克萨斯州法院的解释，这些免责例外的标准设定得非常高，以至于它们很少被触发。

土地下的地下水拥有绝对的单独所有权。在遵循"合理使用"和"相关权利"理论的地区,"先取先得规则"的影响仍然存在。① 值得注意的是,在所有这些法律制度中,法律很少(如果有的话)考虑地下水和与之有水力联系的地表水的相互作用。

由于地理和气候上的渊源,希伯来法(或犹太法)和伊斯兰法可能已经形成了与地下水资源相关的最丰富的法律传统。根据《犹太法典》(Talmud,塔木德),② 所有自然形成的水都是所有人的共同权利。"河流和形成泉水的溪流,是属于每个人的"(Hirsch, 1957, p. 155, citing Talmud Bauli, Shabbat)。根据犹太法,土地所有者和水井所有者都有义务按照严格的制度管理和分配地下水,当本地居民的用水与外来者的需求发生冲突时,要优先考虑本地居民的用水目的。例如,《犹太法典》规定(Hirsch, 1957, p. 154, citing Talmud Bauli, Nedarim):

> 泉水为城里的人所拥有,为本地人的生存和外来者的生存所拥有:本地人的生存优先于外来者的生存;为本地人的牲口和外来者的牲口所拥有:本地人的牲口优先于外来者的牲口;为本地人的洗涤和外来者的洗涤所拥有:本地人的洗涤优先于外来者的洗涤;为外来者的生存和洗涤所拥有:外来者的生存优先于外来者的洗涤。

因此,最高优先级的是口渴权,《犹太法典》规定,人们应向任何寻求饮用水的人提供水,无论其出身如何,也无论水井是位于公共土地还是私人土地上。只在这一权利与当地社区成员的基本生存需求相冲突时,这项权利才会被加以限制。其次是水井所有者和社区成员的蓄畜权和灌溉权,然后是外来者的蓄畜需求,之后是社区成员的非生命维持需求,最后是外来者的非生命维持需求。

与犹太法一样,伊斯兰法也与水有着深刻的宗教联系。Sharia 一词指的是伊斯兰法律体系,是一个古老的阿拉伯语词汇,意思是"通往水的道路"。此外,伊斯兰教的经典《古兰经》中有 47 处提到水,38 处提到雨,证明了水在穆斯林信仰中的核心地位。其中比较著名的是与口渴权有关的段落:"没有人可以拒绝多余的水而不对真主和人类犯罪。"(Caponera, 1954, p. 16, citing Yahaya ibn Adam. Kitab al

---

① 根据"合理使用原则"(也称为"美国规则"),土地所有者可以从其土地之下抽取尽可能多的地下水,只要他们将其用于合理用途(Meeker v. City of East Orange, 1909)。"相关权利原则"允许土地所有者自由地从其土地下抽取地下水,只要这种抽取不干扰其他土地所有者对同一含水层的相关或等价权利(Spear T. Ranch, Inc. v. Knaub, 2005)。

② 《犹太法典》(Talmud,塔木德)是在公元前六至三世纪期间编纂的一系列著作,其中包含犹太民事和礼仪法、哲学及历史传说。

Kharadj, Le Livre de l'Impot Foncier, p. 72)*

同样，与犹太法一样，伊斯兰法也确立了水权的等级制度，将口渴权放在首位，其次是社区成员的蓄畜权和灌溉权，然后是外来者的蓄畜权。然而，伊斯兰法制定了更直接适用于地下水资源的规则。例如，虽然伊斯兰法通常禁止买卖水，但根据逊尼派教义，不管是在自己的土地上还是在无人居住的土地上挖井，一旦水井完工，任何挖井的人都会获得水的所有权。此外，伊斯兰法规定，水井所有者有权获得一定的缓冲区，即 harim，这意味着水井所有者可以在水井周围一定面积的土地内阻止他人开发新的水井。虽然规定 harim 的初衷不是为了解决污染问题，但如今我们可以想象的是，它也适用于防止地下水受到污染（Caponera，1954）。

从上述讨论可以看出，各国的国内法并没有完全忽视地下水资源。然而，适用于地下水的法律制度通常是较为初级的，且基础理论相对不充分——有时还基于迷信。此外，人们很少将地下水与地表水同时考虑，也从未在跨界背景下解决地下水管理与分配问题。如今，虽然迷信已经让位于更科学的管理方法，但大部分发展中国家仍然缺乏治理地下水资源的必要信息。此外，欧盟之外的很多国家和地区，对地下水资源的管理仍与地表水分开，且完全将其视为国内的国家资源。

4.3 双边条约与区域协定中的地下水问题

世界上有许多关于跨界河流湖泊航行问题的条约，并已有一千多年的历史。随着工业革命的到来，关于这些地表水体的使用、管理和分配的协议变得尤其引人瞩目。相比之下，相邻国家之间就共有的地下水资源进行直接合作是最近才开始出现的现象，且仅在过去几十年里发生。然而，回顾几百年来的各种国际法律文献可以发现，早在 19 世纪中期，各种形式的地下水就已引起一些国家的关注。直到最近，这种对共享地下水资源的关注也仍附属于其他问题，但回顾过去，人们对边境地区地下水资源相关性认识的演变过程可以总结为 3 个阶段或时期。

---

* 此处应理解为：没有人可以拒绝（将）多余的水（提供给需要的人），而不对真主和人类犯罪。——译者

4.3.1　早期对地下水资源的提及

　　国际法律文献中对地下水资源的最早提及，呈现为对国界沿线井水和泉水的间接暗示。例如，1864年葡萄牙和西班牙之间的《限制条约》(Treaty of Limits) 赋予双方对边界上泉水的共同权利。同样，1888年大不列颠和法国之间的协定为双方规定了对新边界上哈杜水井的共同使用权。在所有这些早期协定中，对地下水的提及是次要的，甚至是第三位的。换言之，虽然地下水资源的某些方面被纳入协议，但这些文书的目的是划定边界，管理或分配地表水，或解决其他边界问题，相比之下，边境地带地下水问题倍显暗淡。就刚才提到的两个协定而言，它们都侧重于划定国际边界（前者是葡萄牙和西班牙之间的边界，后者是现代索马里和吉布提之间的边界），只是附带提及边境地区的地下水。这种对地下水资源使用权的次要或更次要提及一直持续到20世纪，包括在1919年的《凡尔赛条约》中，缔约双方划定了德国和比利时的共同边界，1924年法国和英国就他们在中非帝国、乍得和苏丹的殖民地进行的交换备忘录，以及1923年法国和英国界定叙利亚和巴勒斯坦托管地之间边界的交换备忘录。稍有不同的是，1932年划定波斯和土耳其之间边界的协定提到了萨勒普（Salep）泉、科兹鲁（Kozlu）泉和尤卡里-雅利姆-卡亚（Yukari Yarim Kaya）泉，两个缔约国的边防哨所"对这些泉水享有同等权利"。

　　20世纪初，随着工业革命的兴起和对地下水资源的更大需求，合作条约和领土争端决议开始更明确地提及国家边境地区地下水资源。尽管这些提及对协定的焦点而言是次要的，但它们特别关注地下水，将其作为整个条约的一个组成部分。1925年埃及和意大利之间划定昔兰尼加与埃及边界的第5条协定和第6条协定强调了阿尔-拉姆拉赫（al-Ramlah）水井在协议中的重要性：

第5条

为了向阿尔-萨鲁穆（al-Sallum）的居民提供饮用水，意大利将由意大利政府实际投入使用的阿尔-拉姆拉赫水井的所有权，包括水井周围的地区和以阿尔-拉姆拉赫干谷为轴心的地带割让给埃及，这将足以将这些水井与埃及边界连接起来……

第6条

需要明确的是，在使用阿尔-拉姆拉赫水井的水时，埃及政府必须为意大利管辖下的当地居民保留足够的水量……

另一项值得注意的强调国际边界沿线地下水资源重要性的协定是"二战"后与意大利签订的 1947 年《和平条约》*，尽管解决地下水资源问题只是该条约的次要目的。其中关于戈里齐亚和周边地区供水的附件 V 要求当时的南斯拉夫有义务维护南斯拉夫境内方特-弗雷达（Fonte Fredda）与蒙克罗纳（Moncorona）的泉水及供水设施，并确保向意大利的戈里齐亚公社持续供水。

南斯拉夫作为所有者，应维持和经营方特-弗雷达与蒙克罗纳的泉水及供水设施，并应维持对戈里齐亚公社所处地区的供水，根据本条约的条款，这部分地区仍属于意大利。同时意大利应继续维持和运转其境内由上述泉水供水的水库和配水系统，并应维持对南斯拉夫境内根据本条约条款将移交给意大利并由意大利管辖的那些地区的供水。

对跨界含水层最显著的次要提及可能是在第 242 号备忘录中，这是 1944 年墨西哥-美国《关于利用科罗拉多河和蒂华纳河及格兰德河水条约》的修正案。制定该备忘录是为了解决科罗拉多河的盐度上升问题。然而，圣路易斯附近的亚利桑那-索诺拉边境地区的地下水抽水争端在当时引起了关注，因此各方在备忘录中插入了限制抽水的条款和对进一步协商的要求。虽然这些规定是在制定更全面制度之前的临时措施，但由于两国政府没有采取后续行动，因此这些规定仍然有效。

4.3.2　对地表-地下水关系的认识

国际法律文件中对地下水资源认知演进的第二阶段出现在 20 世纪中叶，当时各国政府开始承认地表水和地下水之间的相互联系，以及需要确保地下水资源的存续。保护性条款最初是作为保障地表水流的一种手段，后来延伸到保护地下水所维系的生境，以及实现长期水资源管理的可持续性。在所有这些例子中，虽然地下水被确定为一种关键资源，但其重要性仍被视为相对条约重点而言次要的内容。

德意志联邦共和国莱茵兰-普法尔茨州与卢森堡大公国于 1950 年签订的条约第 10 条规定：

如果由于建造大坝导致绍尔（河）（Sauer）西侧地下水位上升或下降而造成损失，卢森堡大公国政府承诺补偿这些损失或给予适当的赔偿。

---

*　根据条约原文，1947 年签订的《和平条约》是"二战"结束后，同盟国与意大利签署的。——译者

第 4 章 关于地下水资源的早期条约

同样，南斯拉夫与匈牙利于 1955 年签订的条约第 1（2）条明确适用于"构成国家边界的水道，以及与国家边界相交的水道和水系上的所有水经济相关问题、措施和工程，尤其是……（g）地下水问题……"。南斯拉夫与其邻国，即阿尔巴尼亚和保加利亚的条约文本使用了类似的表述。值得注意的是，阿尔巴尼亚和匈牙利的条约中将"水系统"一词定义为包括"所有水道（地表或地下，天然或人工），从水经济角度看可能影响水道的设施、措施和工程，以及形成国家边界或与之相交的设施"。

在同一时期，一些边界委员会和边界水资源机构的管辖范围扩展到了跨界含水层。1958 年波兰和捷克斯洛伐克之间关于边境地区水资源使用的条约在第（2）（1）（b）条中将"边境水"定义为"在其与国家边界相交的地方，从一国领土流向另一国领土的地表水和地下水"。其他承认边界委员会和边界水资源机构具有权威性的协定包括：1964 年喀麦隆、乍得、尼日尔和尼日利亚关于开发乍得流域的协定；芬兰和瑞典 1971 年关于边界水资源的协定；意大利和瑞士 1971 年关于水污染管理的协定。

如今，地表水和地下水之间的相互关系已得到更广泛的认可，并在许多双边条约中得到确认。1990 年尼日利亚和尼日尔之间关于共同水资源的协定在第 1 条中申明"提及共同的河流流域时，应包括对有助于地表水流动的地下水的提及"。该条约还包括确定何时及如何在公平共享分析中计入地下水资源的条款，包括科马杜古–约贝河流域的水利工程可能对乍得湖流域的地表水与地下水流产生明显影响的情况。其他直接承认地表水和地下水资源之间相互关系的协议包括 1994 年《保护和可持续利用多瑙河合作公约》与 1994 年《以色列和约旦和平条约》的附件Ⅱ。

对这种相互关系的认识也在各种区域条约中体现。2000 年，《南部非洲发展共同体（SADC）共有水道修订议定书》的范围扩大到"水道"，第 1（1）条将其定义为"由地表水和地下水组成的系统，由于其物理关系，通常是流入海洋、湖泊或含水层等共同终点的统一整体"。正如第 5 章将讨论的，这一表述沿用了 1997 年联合国《水道公约》的措辞，这确实对这一范畴内地下水资源的范围施加了一些限制。尽管如此，接受地表水资源和相互关联的地下水资源之间的水文关系这一点，是对科学现实的逐步承认，值得庆幸。

1992 年《联合国欧洲经济委员会保护与使用跨界水道和国际湖泊公约》以更广泛的形式，在第 1（1）条中将"跨界水域"定义为"标示、穿越或位于两个或多个国家间边界的任何地表水或地下水"（增加强调）。根据这一措辞，该条约适用于穿越国际边界的任何地下水资源。然而，1992年《联合国欧洲经济委员会公约》对地下水资源的关注因两个额外的原因而显得尤为重要。首先，该公约的缔约资格在2013年向所有联合国成员国开放，这可以进一步提高地下水在国际法中的地位。其次，欧洲经济委员会在2012年通过了《跨界地下水示范条款》（以下简称《示范条款》）。作为成员国的指导性文件，《示范条款》的制定旨在帮助"共享与国家边界相交的跨界地下水或共享与地下水相关联的跨界地表水的国家，起草具体协定，通过合作解决这些地下水的可持续利用、管理和保护问题"（UNECE, Decision Ⅵ/2, 2013）。此外，《示范条款》第4条规定"各缔约方应就其跨界地下水和地表水的综合管理进行合作"。

4.3.3 地下水作为条约的聚焦点

在过去的几十年里，随着人口和经济的增长，缺水成为国际社会关注的主要问题，因此人们对跨界地下水资源的关注也越来越多、越来越直接。各国对这些含水层的了解有所增加，并开始认识到这些隐藏宝藏所蕴含的潜力，以及妥善管理这些宝藏所面临的挑战。对共享含水层的日益关注和了解，使人们对边境地区地下水资源的认识进入了最新的演进阶段——将解决跨界含水层相关问题作为协定谈判的主要关注点。

目前，有四项已生效的条约直接涉及具体的跨界含水层，其中包括2008年法国和瑞士之间具有高技术含量的《日内瓦含水层协定》，以及2015年约旦和沙特阿拉伯之间相当简洁的《阿尔-萨格/阿尔-迪西含水层协定》。这其中还包括分别于2000年和2002年实施的关于努比亚砂岩含水层（乍得、埃及、利比亚和苏丹之间）和西北撒哈拉含水层（涉及阿尔及利亚、利比亚和突尼斯）的两项初级磋商与数据共享安排。尽管2010年人们还为南美洲的瓜拉尼含水层起草了一份框架协定，并为西非的伊莱梅登含水层制定了两份复杂的谅解备忘录，但它们尚未实施和生效。

虽然只有极少数国家尝试为彼此共享的含水层进行交涉，但在不久的将来，不可避免地会有更多国家参与其中。随着人口和经济的增长，对淡水的需求将继续增加，越来越多的国家会认识到其国土中可利用水资源的规模和容量。因此，更多的国家将不得不开始就其跨界含水层开展合作，既是为了保障国际法规定的地下水权利，也是为了确保这些资源的可持续利用。

4.4 为国际法承认地下水所做出的努力

4.4.1 国际法协会的工作

国际法协会（ILA）是一个成立于1873年的私立专业化会员制组织，会定期发表关于国际法各方面的解释、分析和建议。作为一个非政府组织，就公认的国家行为规则而言，其工作往往被认为带有期许性质，对于国家行为公认规则的确立并无决定性价值[*]。然而，国际法协会的努力相当具有洞察力、启发性和远见，其各种报告和解释被广泛认为为后续编纂国际水法，包括适用于跨界含水层的法规，奠定了坚实基础。

国际法最早承认地下水资源对地表水的重要性和相关性的分析之一出现在国际法协会于1958年，由出席纽约会议的委员会成员达成一致的《关于两个或两个以上国家境内流域用水的若干国际法原则和建议》报告中。在"商定的国际法原则"的标题下，原则一规定"一个流域内的一系列河流和湖泊应作为一个整体来对待（而不是零散的个体）"（International Law Association，1958，p.924）。特别能说明问题的是对这项原则的注释（International Law Association，1958，p.924）：

截至目前，国际法大多涉及地表水，但也有一些与地下水有关的先例。可能有必要考虑一个流域所有水文和人口特征的相互依存关系。

---

[*] 国际法协会是专门从事国际法研究的国际组织（国际组织是指两个以上国家或其政府、人民、民间团体基于特定目的，以一定协议形式建立的各种机构，国际组织可分为政府间国际组织（由主权国家参与）和非政府间国际组织（由民间团体或个人成立）），宗旨是研究、解释和发展国际公法与国际私法，研究比较法，为解决法律冲突和统一法律提出建议，促进国际间的友好合作与相互了解。总部设在伦敦，在全世界50多个国家和地区设有分会，约有4500名会员，为国际法学家、其他法律部门代表、政治家、外交家、律师，以及工业、商业、银行、航运及仲裁各界的代表，也吸收集体会员。大会为最高机构，每两年召开一次会议。理事会为执行机构，由大会主席和副主席、理事会主席和副主席、司库、秘书长及各分会选举的成员组成，在两次大会之间享有全权，每年在总部召开两次会议。协会下设15个国际委员会，成员由理事会提名，每个委员会有1名主席、1名或多名报告人，由代表不同法系和地区的专家担任。委员会处理理事会认可的国际法题目，准备研究报告供大会成员讨论、辩论和评论，在大会报告中公布通过的研究报告。委员会的研究报告采取法律重述、条约或公约草案、现行法律和实践新发展的评论、国际法规则和原则制定等形式。——译者

国际法协会在水资源领域最有影响力的工作成果,可能也是其全部工作成果,是被称为《关于国际河流水域使用的赫尔辛基规则》(以下简称《赫尔辛基规则》)的报告。这些条款由国际法协会国际河流水域使用问题委员会起草,是编纂跨界水资源相关习惯国际法的最早尝试之一。重要的是,《赫尔辛基规则》第二条将"国际流域"——用于划定该规则所考虑地理范围的单位定义为"由流入共同终点的水系(包括地表水和地下水)的流域界限所确定的延伸至两个或更多国家的地理区域"(增加强调)。在明确将地下水纳入国际流域时,《赫尔辛基规则》承认"水文统一性"理论,该理论认为在水文循环中,具有水力联系的地表水和地下水是相互关联的,需要采取整体方法来管理这些相互关联的淡水资源。

国际法协会于1986年制定的《汉城国际地下水规则》(*International Law Association*,1987;以下简称《汉城规则》)同样具有决定性意义,虽然较少被引用,但它加强并发展了《赫尔辛基规则》对地下水资源,尤其是跨界情境下地下水资源的重要性和意义的认知。特别地,《汉城规则》第一条申明:

与两个或多个国家边界相交的含水层中的水是国际地下水,条件是该含水层及其水构成一个国际流域或其一部分。这些国家是《赫尔辛基规则》意义上的流域国,无论该含水层及其中的水是否与地表水构成流入共同终点的水力系统的一部分。

换言之,含水层不需要在水力上与跨界地表水相联系,就可以受制于《赫尔辛基规则》中所阐述的规范。相反,只要含水层跨越国际政治边界即可。第二条第2款强调了这一观点,坚称:

就《赫尔辛基规则》而言,与两个或多个国家边界相交的含水层,即便不向国际流域的地表水供水或不从该地表水获得水量,仍旧构成国际流域的一部分。

《汉城规则》第二条第1款提出的原则同样重要,它特地将《赫尔辛基规则》中提出的规范适用于"向国际流域地表水供水或从该流域接受水的含水层"。这一规定对于自然资源的主权概念具有重要意义,因为它使《赫尔辛基规则》所建立的制度适用于那些地理上可能是国内的,但水力上与跨界河流或其他国际流域相关联的含水层。

值得一提的是,2004年,国际法协会发布了其先前在国际水资源领域工作所取得成果的修订版和综合版。这就是《关于水资源的柏林规则》(以下简称《柏林规则》),这一最新成果在原有概念的基础上展开,以应对国际法的发展和世界各地的最新趋势。随着议题范围的扩大（现在扩展到可持续性、水权、外来物种和联合管理等主题），《柏林规则》相当具有启发性。其实，一些来自国际法协会委员会内部的反对者对此表现得尤为激烈，并对新规则的许多方面提出异议，包括将一些国内水域纳入《柏林规则》，公平合理利用原则明显从属于所谓的"不造成损害"原则，以及在文件的许多拟议规范中使用"应"而不是"应当"（Dissenting Opinion, 2004）。因此，《柏林规则》的影响尚未被充分发挥出来。

4.4.2 贝拉吉奥条约草案

关于跨界地下水使用的《贝拉吉奥条约草案》是20世纪90年代由一个独立的、多学科的学者团和国际专家小组起草的一个示范条约。因此，其中没有描述适用于跨界地下水资源或与之有关的国际法律规范，而是列出了起草者认为会促进合作和加强跨界地下水管理的具体规则、机制、责任和义务。本质上，其中切实可行的方法和作为示范条约的实用性才是其意义所在。因此，《贝拉吉奥条约草案》至少在最初制定时考虑到了墨西哥-美国边界，由于具有前瞻性与合理的方法论，该草案在各种论坛和出版物中被广泛引用。

《贝拉吉奥条约草案》所倡导的主要概念之一是需要采用整体方法来管理存在水力联系的地表水和地下水资源。这一点在其中关于实施"联合使用"的建议中尤为明显，草案中将这一概念定义为"将地表水和地下水作为一个整体供水系统进行综合开发和管理"（Hayton et al., 1989, at Art. Ⅰ（4））。《贝拉吉奥条约草案》还强调了联合委员会在执行条约规定的职能和责任方面具有重要意义。特别是，它建议委员会可以采取：划定保护区，发布干旱预警和相关紧急情况，审议和调查涉水国所提供的信息，对水质和水量控制措施进行定期评估，维护包含跨界地下水信息的综合一体化数据库，并对相关议题开展其他研究（Hayton et al., 1989, Arts. Ⅲ, Ⅳ, and Ⅴ）。

虽然《贝拉吉奥条约草案》只是一个由非政府个人团体编写的示范条约，但它是合理且可持续利用跨界含水层的一个重要建议。其特别之处在于，其起草者意识到管理跨界含水层的条约将在很大程度上依赖跨界合作和信息交流，以及这些所需信息可能会缺乏并难以获取的现实。

4.4.3 非正式跨界协定

一般认为，国际法产生于国际社会正式和直接的立法行动，是条约制定和习惯国际规范的产物。尽管如此，世界各地越来越多的地方（次国家）实践表明，跨界地下水资源管理出现了一种新趋势：施行地方（次国家）行政单位达成的跨界含水层管理安排（Eckstein et al.，2008）。这一趋势反映出这样一个现实：国家当局对地方问题的关注程度往往与地方和首都*之间的距离成正比。这也可能是实用性和当地具体需求与实际情况的函数，因为地质、水文、气候和用水特点（以及其他因素）在各个含水层及其上覆社区之间都可能存在很大的差异。

在欧洲，地方当局根据当地跨界安排直接管理大多数小型跨界含水层。这种趋势在某种程度上已经被正式化，因为《关于领土社区或当局之间跨界合作的欧洲纲要公约》规定，在这些条件下，国家以下的行政单位有权订立跨界安排。① 在欧洲，这种地方性做法的最佳例子可能是上述 1978 年法国和瑞士之间的《日内瓦含水层协议》。虽然它现在被视为一项国际条约，但它是由地方当局发起、制定和签订的：在法国一方，由安涅马赛尼（Annemassienne）地区社区、日内瓦（Genevois）农村地区社区和维里（Viry）农村地区签订，在瑞士一方由日内瓦共和行政区签订。《日内瓦含水层协议》具有很强的技术性，主要通过建立日内瓦含水层联合管理委员会来解决地下水的水质、水量、抽采和补给问题。它还包括人工补给，分配费用等事项的内容，并规定了严格的抽水限制。

在世界其他地方，国家政府对此类地方性措施几乎没有任何指导，也没有兴趣。尽管如此。一些安排也已经在没有国家政府监督的情况下达成了。在北美有两个值得注意的例子，包括 1999 年《墨西哥奇瓦瓦州华雷斯市市政供水和卫生局与美国得克萨斯州埃尔帕索市埃尔帕索水务公共服务局之间的谅解备忘录》（以下简称《华雷斯-埃尔帕索谅解备忘录》），以及 1996 年《美国华盛顿州生态部与加拿大不列颠哥伦比亚省环境、土地和公园部签署的关于提交水权申请的协议备忘录》（以下简称《华盛顿-不列颠哥伦比亚协议备忘录》）。尽管在法律上不是正式的，也不能强制执行，但这两项安排都体现了国际边界两侧的政府当局对跨界地下水的关

---

* 原文为 capitol。——译者

① 《关于领土社区或当局之间跨界合作的欧洲纲要公约》于 1980 年 5 月 21 日在马德里签订，旨在鼓励和促进国际边界两侧的社区或机构之间的跨境合作。该公约重点关注共同问题，特别是在"区域、城市和农村发展、环境保护、公共设施和服务的改善及紧急情况下的相互协助"等领域。

注，并在市级和州级层面上针对某区域特定的共享含水层展开合作与信息交换。

就《华雷斯-埃尔帕索谅解备忘录》而言，该安排的重点是两个城市地下的休科伯森含水层和与之有水力联系的格兰德河，旨在"确立各方之间的机制，以增进沟通、合作并实施共同关心的跨界项目"。《华盛顿-不列颠哥伦比亚协议备忘录》围绕阿博茨福德-苏马斯跨界含水层这一核心，承认跨界利益相关方需要参与关于（抽水）许可、水量管理和其他与含水层可持续性相关的问题。

4.5 本章小结

尽管人们越发认识到地下水的重要性，并在各种国际法律文件中涉及相关问题，但与地表水资源得到的关注和适用于跨界水道的国际法的发展相比，这些经验显得微不足道。过去几千年来，全世界为跨界河流和湖泊达成了数以千计的协议，而在跨界背景下涉及地下水资源的内容却很少，而且是最近才开始出现的。因此，适用于跨界地下水资源的国际法仍处于初级演进阶段。

然而，自2000年以来，跨界含水层专题受到越来越多的关注，并成为国际法讨论中一个更加引人注目的主题。日益增长的水需求和地表水资源的不断缩减在很大程度上提升了跨界含水层在国际议程上的重要性。但是，最具影响力的还是联合国国际法委员会在1997年《国际水道非航行使用法公约》（以下简称《水道公约》）和随后的2008年《跨界含水层法条款草案》方面开展的工作。第5章和第6章将讨论这两份规章中的跨界含水层。

第 5 章

《国际水道非航行使用法公约》视域下的地下水资源问题

5.1 本章概述

1997年9月,联合国大会通过《水道公约》。此举措标志着联合国迈出了决定性的一步,承认了地下水资源在人类生产生活与可持续发展中的重要地位。更重要的是,这也让各国认识到有必要针对跨界地下水资源的利用与管理订立法律法规。

尽管承认了这一点,但《水道公约》从未打算全面阐释国际法体系中地下水资源的地位。实际上,《水道公约》的起草者被赋予更重大的责任,也就是处理"国际水道的非航行使用法,以期逐步发展和编纂……"(UNGA,1970,¶1)。此外,在起草过程中,联合国国际法委员会(UNILC)[①]在第三十二次会议报告中也明确表示:"穿越或形成国家边界的河流主干"是国际水道的"核心"(UNILC,1980,110,¶B(2))。因此,《水道公约》主要为跨界地表水体非航行使用问题提供法律依据,而针对跨界地下水资源开发与管理问题的适用性十分局限。

以下各节解析了《水道公约》的范围及其与跨界地下水资源的相关性。之所以在此介绍,是因为《水道公约》的发展在跨界含水层国际法的演进中发挥了关键作用。此外,本章也将站在建立与巩固双(多)边合作机制的角度,详细解析跨界地下水资源区别于地表水资源的特别之处。

---

① 联合国国际法委员会的任务是研究和推荐国际法律准则,目的是促进"国际法的渐进发展及其法典化"(Statute of the International Law Commission,1947,at Art. 1)。

5.2 《水道公约》的背景

《水道公约》是一个旨在为跨界水道的使用、管理和保护提供指导的一般性框架公约，同时也致力于推动各国制定更具体的关于特定水道的双边和区域协定。它的制定推动了可持续发展，保障了全球供水安全，同时能够防止和解决跨界水资源冲突。参照《联合国宪章》关于维护国际和平与安全、发展国家间友好关系及和平解决争端的第1条和第2条，《水道公约》宣称缔约方希望"框架公约将确保国际水道的使用、开发、养护、管理和保护，并促进为今世后代对其进行最优的和可持续的利用"。

联合国国际法委员会（UNILC）自1970年着手编纂《水道公约》，直至20世纪90年代中期才完成。虽然这种漫长的工作周期对国际法的发展来说并不罕见，但这无疑表明，委员会面对的这项议题是复杂且政治敏感的。

5.3 制定《水道公约》的范围

在联合国国际法委员会制定《水道公约》的25年间，最重要的争议点在于如何制定条约的范围。特别棘手的是，如何确定哪些地理单元应受《水道公约》中条款的约束，以及地下水资源是否要被纳入或在何种程度上被纳入这个范围内。正如1974年国际水道非航行使用法小组委员会报告所指出的，多年以来，各条约、宣言、国际组织的报告和会议中使用了各种术语和定义来描述受国际水法管辖的地理单元。其中包括"跨界河流""界河""河流流域""流域""国际流域"和"水文流域"（UNILC，1974，301-302，¶7-16）。在联合国国际法委员会的工作逐步推进的数年来，这些不同的表达方式变得有争议，因为联合国国际法委员会成员意识到，他们选择用来描述新的国际文书所适用地理单位的定义，实际上将决定整个条约的范围。更具体地说，这将决定溪流、支流、运河、湖泊和其他水体，特别是地下水资源，是否及在何种程度上将受《水道公约》条款的约束。

讨论的核心主要是经典的上下游之争和由来已久的主权问题，它将绝对领土主权主义的倡导者与有限领土主权主义的支持者对立起来。前者建立在国家有权不受限制地使用其领土内资源的前提之上，而后者则认为国家的主权权利受到其义务的限制，即不得以对其他国家造成重大损害的方式使用或允许使用其领土。

试图限制《水道公约》适用范围的国家通常主张对其领土内发现的地下水等资源拥有不受限制的主权权利*，无论这些资源与穿越国际边界的河流有何关系。他们声称，这一立场得到了许多国际范例的支撑，最显著的例子就是1815年《维也纳大会最终决议书》（以下简称《最终决议书》）。该法律文件规定"国际河流"是"分隔或穿越不同国家"的河流（Final Act of the Congress of Vienna 1815, Arts. 108-110）。因此，它有效地限制了《最终决议书》的适用范围，使之仅适用于跨界河流，而不适用于其流域、支流或水力联系的地下水资源。根据《最终决议书》，这些地理单元和水力单元依然受各国的国内法管辖。对于主张这一立场的国家来说，强化不可改变的国际边界似乎是最重要的，其中大多数国家在历史上都是上游国家，因为这将划定一个国家拥有这种无限制权利的范围。

与之形成鲜明对比的是，那些主张采用更广泛的流域方法、将国际河流的分水岭（divortium aquarum）纳入条约适用范围内的国家，则力求确保各国领土内水资源的完整性。根据这一观念，各国可以使用其水资源，只要这种使用不对其他沿岸国家的用水权益造成实质性损害。这一方案的支持者往往是下游国家，他们认为这是一种更合理的方法，可以促进共享水资源的最优利用。①

1980年，联合国国际法委员会负责国际水道非航行使用专题的第二任特别报告员斯蒂芬·施韦贝尔提出了一个"国际水道系统"方案，以取代水文流域的概念。水道系统被广泛描述为"由河流、湖泊、运河、冰川和地下水等水文要素组成，因其物理关系而构成一个统一的整体"（UNILC, 1980, p. 108, 110, 添加强调）。虽然对于那些支持河流方案的人来说，以"水道"为基本单位的方式与基于渠道的模式十分相似，但施韦贝尔希望对水"系统"的强调能够满足那些主张采用单一或类似水文流域的方法来管理所有相互关联的水域，包括地下水的人。在委员会提交给大会的第三十二届会议工作报告中，联合国国际法委员会宣称："委员会选择'系统'这一术语是因为它能刻画国际水道所需的适当的空间感……，它包含的组成部分，或可能包含的组成部分，不仅有河流，还有支流、湖泊、运河、冰川和地下

---

* Sovereign rights 主权权利。Sovereign right stems from sovereignty. Sovereign rights are an extension of the concept of sovereignty. They are the "list of things you can do" as the sovereign entity. ——译者

① 例如，阿根廷的朱利奥·巴勃萨（Julio Barboza）先生认为，"水道"一词应理解为流域，并在某种程度上以全球人口的大幅增长对提高水资源使用和分配效率的日益迫切的需求为依据，来证明他的立场（Summary Records of the 1577th Meeting, 1979, p. 22-28, ¶ 9-10）。

水等其他单位,又因其物理关系而构成一个统一的整体。"(UNILC,1980,p. 110（Commentary（2）to Article 1））

尽管这一概念被证明是有争议的,但联合国国际法委员会最终就使用"系统"来描述水道的特征达成了共识,并将该术语作为起草条款和原则的框架,最终构成后续《水道公约》的基础。同时委员会还提出了各种含义,并最终确定了被纳入《水道公约》的定义。所以,"水道"现在被定义为"由地表水和地下水组成的系统,由于其物理关系而构成一个统一的整体,通常流入一个共同的终点",而"国际水道"被定义为"其组成部分位于不同国家的水道"（1997年《国际水道非航行使用法公约》,第2条）。

5.4 《水道公约》中的地下水

将"地下水"纳入《水道公约》的范围极大地提升了地下水资源在国际法中的地位。然而,细看之下,《水道公约》对某些地下水资源的适用性内容仍有待完善。

5.4.1 解读"水道"

在"水道"的定义中加入"系统"这一标准,是为了表明对相互关联的水资源采取统一或全面的管理方法。这既承认了水文统一的理念,即承认存在水力联系的地表水、地下水和水文循环的其他组成部分之间的相互关系,也强调了管理相互关联的淡水资源须采用整体方法。正如施韦贝尔在其首份报告中所述:"水道的整体性是基于水文循环……,通过这种循环,水从地球的陆面和水面到达大气层再返回,形成永不停息的循环。"（Schwebel,1979,152,¶39）尽管施韦贝尔的声明被广泛地认为是不容置疑的事实,但在发展国内水法与国际水法的背景下,这是一个先进的概念,或者说过于前卫。相反,联合国国际法委员会最终确定的水道定义,也是联合国大会随后采用的水道定义,在公约适用范围内的含水层类型上设定了相当大且值得质疑的限制。

正如上文所述,"水道"一词的部分定义是"地表水和地下水系统"。这一措辞实际上将《水道公约》的适用范围仅限于与地表水（如溪流或湖泊）有某种水力联系的含水层。虽然《水道公约》没有明确地定义"系统"一词,但可以合理地假设,"系统"意味着地表水和地下水之间的相互关系,即水在这两者之间以一致且明确的模式流动。这一假设得到了"水道"定义中接下来的一句话"由于它们的物理关系而构成一个统一的整体……"的支持和补充。定义中的这部分语言强调了关系中"物理"方面的需求。换句话说,两个水体之间必须存在某种实际的、物质的联系和互动。此外,这一措辞强化了地表水和地下水资源是相互依存的这一概念,正如施韦贝尔进一步指出的,"对系统内水的任何使用都可能……影响系统另一部分的水"(Schwebel,1979,152,¶39)。正如该公约草案的注释中所解释的:"只要这些组成部分相互关联,它们就构成了水道的一部分。"(UNILC,1994a,b,90(Commentary 4 to Article 2))这构成了这些要求的实质基础,也就是说,这些系统必须被视为一个单一的水系统加以全面考虑,而个别组成部分可以排除在公约的范围之外。

5.4.2 "水道"与独立的含水层

在讨论上述标准的基础上,一个问题出现了:对公约的适用,系统关系本身是否必要?换言之,一个与任何河流或湖泊都没有关联的独立跨界含水层本身是否能构成一个"系统"并满足"物理关系"和"构成一个统一整体"的标准呢?当然,同样的问题也可以针对一个单独的跨界河流或湖泊。虽然前一个问题的答案可能是存疑的,但后一个问题的答案可能是肯定的,因为河流和湖泊通常有支流和湿地,有资格作为不同但相互联系的水体,形成一个"系统"。

此外,令人难以接受的是:一条独立的跨界河流,尽管不与任何其他水体存在水力联系,也会被排除在《水道公约》的适用范围之外。这种情境将与《水道公约》的基础及制定该公约的理由相悖。如前所述,联合国国际法委员会肯定地指出,其关注点是国际水道,而水道的核心是"跨越或形成国际边界的河流主干"。此外,当联合国国际法委员会在20世纪70年代初开始调查这一专题时,其出发点源于联合国秘书长在1963年编写的一份题为"国际河流利用与使用的法律问题"的研究报告。在该文件中,秘书长指出,"国际河流"一词指的是"应当称为国际河流的河流"*及"任何流经两个或多个国家领土或边界的水道(河流、溪流、泉水等)"(United Nation Secretary General,1963,50,¶9)。该文件中没有任何地方直接或

---

* 此处原文为"international rivers properly so called"。——译者

间接地将"国际河流"或"水道"定义为必须与其他水体存在水力联系。

相反，对于独立的跨界含水层，《水道公约》、联合国国际法委员会的各种报告和其他工作成果，以及对上交给联合国大会的报告终稿的评论都非常明确。联合国国际法委员会描述的"封闭"的地下水——与任何地表水资源无关的地下水被明确排除在协定的范围之外。联合国国际法委员会对这一基础达成共识，即不与地表水关联的地下水"不应被包括，因为……它缺乏与地表水的物理联系，因此不可形成一个统一整体的一部分"（UNILC，1991，at 65，¶ 48）。委员会聚焦于系统的"统一性"概念，还指出，"从系统的统一性来看，'水道'一词不包括与任何地表水无关的（水）"（UNILC，1994a，b，at 90，¶ 222）。因此，就《水道公约》而言，只有当含水层与另一水体有实质性的相互关系时，才能满足"系统""实际关系"和"单一整体"的标准。这适用于与河流、湖泊或其他地表水体在水力上联系的含水层，也可能适用于通过交错的承压地层间裂隙渗流而互相关联的两个或多个含水层。但是，《水道公约》不适用于在水力上与任何其他水体无关的独立含水层。根据对某些含水层的描述和分类，这可能从《水道公约》的适用范围中排除了很多很重要的跨界含水层，特别是位于中东、北非、中亚和美墨边境等水资源紧张且干旱地区的古含水层和原生含水层。

支持这一结论的最后一点与水道定义中的"共同终点"标准有关。虽然这一措辞将在随后的章节中进一步阐述，但考虑到规定"终点"必须是"共同的"，这种措辞也暗示了存在不止一个流向同一终点或端点的不同水资源。因此，该短语表明，需存在不止一处水资源且它们之间必须是相互关联的。这种定义将把那些单独的、不与其他水体相关联的含水层排除在《水道公约》的范围之外。

5.4.3 无补给含水层与不可再生地下水

正如第2章所讨论的，古含水层和原生含水层是几乎没有或仅有极少当代补给的含水层。这些含水层脱离了水文循环，其基质中赋存的任何水都是不可再生的。从定义上来讲，对这种含水层的利用是不可持续的，因为任何取水都终将导致资源的消耗。此外，由于它们不与任何其他水体存在水力联系，因此在实质上是独立的含水层。基于前文的分析——不是一个系统的一部分，与另一个水体没有"物理关系"，因此不能流向一个共同的终点，这些含水层均不在《水道公约》的适用范围之内。

此外，这些含水层也因为联合国国际法委员会对"封闭"含水层的用词不当问题而被排除在《水道公约》的适用范围之外。在各种报告中，联合国国际法委员会不恰当地使用了"封闭"一词来描述与地表水无水力联系的地下水。^① 随后，联合国国际法委员会于 1994 年在一项关于封闭式跨界地下水的决议中试图澄清其立场，其中提出，《水道公约》各条款草案中的原则可以适用于跨界封闭地下水（UNILC，1994a，b）。联合国大会在通过《水道公约》时没有采纳这一建议。

5.4.4　国际水道的跨界特征

在进一步考虑"系统"的标准时，如果将"水道"与"国际水道"的定义（后者定义为"部分位于不同国家的水道"）结合起来阅读，就会引发第二个问题：该系统的跨界特性是否可以在地表水体或存在水力联系的含水层中找到？两个定义组合起来的文本解释表明，只要系统的任何部分跨越国际边界，该系统就将受到《水道公约》的约束。换言之，不需要在意跨界的到底是河流还是相互关联的含水层。

考虑到跨界河流是联合国国际法委员会工作的"核心"，显然，只要国内含水层是某系统的一部分，并在水力上与跨界河流相关联，那么它就可以纳入《水道公约》的范围。对于在水力上与跨界含水层关联的国内河流，或在水力上与跨界含水层相连的国内含水层，同样的逻辑是否成立，则不得而知。

联合国国际法委员会或各位报告员的工作，以及后续的学术研究都没有对这些问题给予指导。此外，为《水道公约》文本定稿的大会委员会也没有解决这一模棱两可的问题。知名学者、联合国国际法委员会第四任国际水道非航行使用专题特别报告员斯蒂芬·麦卡弗里教授在其著作中提出："联合国《水道公约》的适用范围定义（意味着）特定的含水层不需要与边界相交，也能被［水道］公约的条款所涵盖；只要含水层与跨越或沿边界流动的地表水有关联即可。"（McCaffrey，1999，p. 155-156）

在这个意义上，麦卡弗里的主张侧重于将河流视为跨界水体，并支持这样的假设，即一个地理层面完全位于某国境内且水力上与跨界河流或界河流存在联系的

---

① 这个定义引起了一些混淆和不安，因为"水道"这个词的水文地质学定义是指被上覆和下伏不透水层压力夹持的含水层中所含和流动的地下水。此外，由于在水文地质学意义上的承压含水层通常与地表水体和水文循环通过非承压部分形成水力联系，在法律、政策和科学的背景下，这种误解可能导致更严重的问题，例如，在负责解释和实施法律的人（如地质学家、工程师、水资源管理者和其他水资源专业人员）之间出现混淆，甚至可能导致法律的误用。关于这种混淆的进一步思考和示例，参见 Eckstein（2005）的相关研究。

含水层将受《水道公约》中条款的约束。然而，其主张并不支持相反的情况，即完全在一个国家领土内流动的河流与跨界含水层存在水力联系的情况。事实上，后者反映了历史上将河流作为国际水法焦点的倾向。例如，参与制定《水道公约》的许多联合国国际法委员会成员试图将地下水排除在最终草案的范围之外，因为他们认为，联合国国际法委员会的工作重点"主要涉及地表水，并未涉及专门针对地下水特性的规定"（UNILC, 1991, at ¶ 44; UNILC, 1993a, at 88, ¶ 368-370）。这些成员还常常提出，地下水资源的独特性使之值得拥有一个单独的法律体系，而对地下水的考虑会对委员会的工作进度造成不必要的拖延（UNILC, 1991, at ¶ 50; UNILC, 1993a, at 88, ¶ 368-370）。因此，有理由认为，《水道公约》实际上要求必须在河流或其他地表水体中发现含水层-河流系统的跨界性质，才能使相应的地下水适用于该公约。

5.4.5 "共同终点"标准

另一个限制《水道公约》对地下水资源适用性的标准是系统中的水必须流向"共同终点"。尽管这一术语直到联合国国际法委员会工作的末期才被纳入定义，但它并不是一个新的标准。同样的措辞出现在1966年《赫尔辛基规则》第Ⅱ条，该条规则规定了《赫尔辛基规则》的适用范围。联合国国际法委员会把"共同终点"加入《水道公约》内的定义中，一部分原因是为了解决这样一种担忧，即地理限制是必要的。尤其是一些国家代表认为："在一个大多数河流由运河连接的国家，如果没有共同终点的要求，所有这些河流就会被当成一个单一的系统，并在水道之间形成人为的统一。"（UNILC, 1993a, at ¶ 365）联合国国际法委员会推断，通过纳入"流入共同终点"这一限定语，各国就不能为了将某水道纳入《水道公约》的范围而将由一条运河连接的两条不同水道视为同一水道。

为了消除反对者对该短语在水文方面不正确、可能产生误导并可能排除某些重要水域的担忧，联合国国际法委员会对"流入共同终点"的条件进行了调整，仅要求其"通常"这样。因此，修改后的用语"通常流入共同终点"（着重强调）可以防止"'系统'标准所定义的水道"适用于由运河或天然季节性水流连接的两个不同的水文流域。

然而，"共同终点"条件在地下水资源的情境下也引发了一系列挑战。河流与湖泊的水流方向通常是二维的，但地下水的流动最好在三维空间中得到考虑。例如，河流流向是用地图上的两个点来描述的：X 和 Y。在《水道公约》的背景下，点 X 是水的起源或源头，而点 Y 是水流的终点。例如，河流中的水从上游源头区（点 X）流向河口（点 Y）。

但是地下水的流动方向更加复杂，需要用第三个维度来准确描述。地下水的流动是水势的函数，而水势又取决于重力、土壤渗透率、梯度、环境气压和温度。此外，土壤渗透率和水力梯度控制着水在多孔介质中流动的速度，其速率或速度可以从几毫米每天到几千米每天。最终，所有这些因素都会在含水层的不同点位上发生变化，导致地下水的流速和方向不断发生变化。此外，虽然含水层有时的确在单一点排泄，如泉眼，但含水层排泄更普遍地发生在整个含水层边缘的广阔地理区域。例如，排泄到海洋或湖泊的含水层通常沿着整个含水层-海洋或含水层-湖泊接触面排泄。因此，确认某河流与相互关联含水层的一个共同终点可能是一项极其困难，甚至不可能完成的工作。

此外，地下水并不总是像相互关联的地表水那样遵循相同的线性流动路径。由于存在水力势，地下水可能会流向与相关联地表水体不同的终点。这被称为流域转换或流向转换（basin switching），且主要发生在岩溶地层和存在断裂的地层中（Quinlan，1990；Puri et al.，2005）。例如，多瑙河及其相关联的地下水通常流向位于黑海的终点，然而，在多瑙河的上游地区，河流发源于德国黑森林的同时，部分水季节性地渗入河底基岩裂隙中，这部分地下水再通过裂隙进入莱茵河流域，从而流向位于北海的终点。根据《水道公约》中对水道的定义，任何为监管多瑙河流域而出台的使用计划或管理计划都不适用于从多瑙河流域渗流到莱因流域的这部分地下水。而且根据多瑙威辛根案（Württemberg et al.，1927），国家不能干预国际流域之间的自然渗流。所以莱茵河流域的监管反而将只适用于向该流域渗流和在该流域内渗流的地下水。然而，这种应用的处境可能被证明是尴尬的，因为莱茵河流域的管理部门对多瑙河流域水流的地理来源没有控制力和控制权。这种流域转换情境可能带来特殊的难题，显然，共同终点标准可能为自身创造了挑战。

5.5 本章小结

政治家和学者长期以来对地表水的关注实际上限制了对国际水法采用更全面、更符合水文规律的编纂方案。《水道公约》对"水道"和地表水体的特别关注，以及对地下水资源相当有限的处理，都是这种固化思维的表现。最终结果是，许多地下水资源被排除在既定的国际法律制度之外。

联合国和其他机构认识到了这一不足，并意识到需要在全球范围内加强对地下水资源的了解，同时也在过去10年中做出了巨大努力，鼓励人们进一步关注这一埋藏的宝藏。这些努力中尤其显著的是，联合国教科文组织通过国际水文计划，致力于水研究、水资源管理及教育和能力建设。然而，就国际法和政策而言，联合国国际法委员会在制定《跨界含水层法条款草案》方面的工作非常突出。

第 6 章
联合国《跨界含水层法条款草案》中的地下水与含水层

6.1 本章引言

在很多方面，《跨界含水层法条款草案》（以下简称《条款草案》）遵循并借鉴《水道公约》中的规定。实际上，本专题的特别报告员山田中正大使在他的第二次报告中强调的关于跨界地下水资源的研究，"毫无疑问，最具相关性的现存通用性条约是 1997 年的（水道）公约"（Yamada，2004，at ¶ 7）。

尽管如此，鉴于地下水资源的特殊性质，《水道公约》能在多大程度上作为范本仍然是讨论的焦点。其实，联合国国际法委员会和联合国大会第六委员会的多位成员对使用《水道公约》作为《条款草案》范本表达了很多质疑（Yamada，2004，at ¶ 7；UNGA Official Records，2006，at 193，¶ 2）。

虽然地表水和地下水资源有许多的相似之处，这可能意味着对两者采取相同的管理制度是可行的，但地下水有其独特性质，考虑跨界监管方案时必须审慎考虑。例如，地下水通常比地表水更容易受到各种形式的污染，因为其流速通常比地表水慢得多。慢速流动可能导致污染和其他问题以同样缓慢的速度显现，与地表水的污染相比，这还导致含水层的自然恢复能力较差。此外，对受污染含水层进行修复是极其困难且成本巨大的，也会使含水层在几年、几十年甚至更长的时间内无法使用。再者，由于含水层所处的位置往往在很深的地下，因此监测地下水可能比监测地表水困难得多且成本更高。此外，某些类型的含水层有着地表水所没有的独特性质，如无补给含水层，很明显，这种含水层是无法持续使用的。

鉴于以上因素，以及越来越多的社区开始依赖跨界含水层的水，因此，2002年，联合国国际法委员会开始探讨是否有必要为这些跨越国际边界的含水层制定更具体的国际规范。委员会的第一项工作就是指派来自日本的山田中正大使为该议题的特别报告员。选择山田大使有着特殊的原因，一方面，日本是岛国、没有邻国与之接壤、不与其他国家共享跨界淡水含水层。鉴于当时并没有关于跨界含水层的国际规范，同时全球范围内地下水资源的重要性与日俱增，也考虑到可能产生的跨界分歧，因此，让不偏不倚的公正一方来制定国际准则不可谓不重要。然而，另一方面，选择山田大使作为特别报告员，更是因为他有着优秀的职业道德和工作热情。虽然他一直以来接受的是法律和外交培训，但在 6 年的时间里，他为这一议题辛苦工作，也逐渐精通水文地质学和相关技术问题，以至于国际水文地质学家协会（IAH）因为他"在国际上对地下水资源的理解、开发、管理和保护做出的贡献"而授予他 2008 年的杰出成就奖（IAH Newsletter, 2008）。

2002—2008 年，山田大使带领一个跨学科专家团队，对全球跨界地下水资源的科学、政策和法律进行了全面、严谨的研究。该团队得到了联合国教科文组织国际水文计划（UNESCO-IHP）专家的支持，包括律师、水文地质学家、经济学家和其他专业人士。经过不懈的努力，他们完成了三份联合国国际法委员会报告和三份补充说明，并为《跨界含水层法条款草案》奠定了基础。

山田大使所做工作的鲜明标志之一就是决定将所有类型的跨界含水层均纳入工作范围。最初，当联合国国际法委员会着手明确适用于跨界地下水资源的国际法时，其工作重点仅局限于《水道公约》未涵盖的地下水资源上，即与地表水无关联的地下水资源。随着工作的推进，山田大使意识到《水道公约》的局限性，并在委员会的支持下拓宽研究范围，使之包含所有类型的跨界地下水资源。

2008 年 12 月，联合国大会采纳了国际法委员会的最终工作成果，并通过了委员会提出的包含 19 个条款的《跨界含水层法条款草案》的 63/124 号决议。在这份法律文书中，联合国大会"提请各国政府关注《条款草案》，但不妨碍未来是否通过这些草拟条款或采取其他适当行动"，并鼓励"有关各国根据这些草拟条款的规定，作出适当的双边或区域安排，妥善管理跨界含水层"。随着这一里程碑的树立，跨界地下水资源终于登上广阔的国际舞台，不再只是处于逊于地表水的次要地位，而是作为国际法、国际政治和国际关系中一个独立的合法议题。

6.2 《条款草案》

从结构上看,《条款草案》分为以下几个部分：①关于《条款草案》范围和定义的介绍性条款；②阐释国家权力与义务相关基本原则的条款；③列举与保护、保全和管理相关具体义务的条款；以及④包含补充条款的其他部分。本章接下来的讨论不会详细解析这 19 个条款的细节，但会强调一些在第 1 条到第 15 条中更重要也更有趣的方面，以此来强调地下水资源，特别是跨界地下水资源的独特特征。以下内容并不是对《条款草案》的批评，而是斟酌和评估各种法律术语与相关机制对跨界含水层和跨界地下水资源的适用性及可能的影响。

6.2.1 关于范围和定义的介绍性条款

当今大多数条约都包含介绍性条款，以界定条约的范围——也就是正式法律文件中的主题内容，并为条约中一些特殊或特定的措辞提供定义。鉴于目前聚焦跨界含水层的法律文件还很稀缺，因此关于范围和定义的条款在《条款草案》中特别重要，因为它们可能为未来双边和多边协定的范围和定义奠定基础。

第 1 条　范围

本条款草案适用于：
（a）跨界含水层或含水层系统的利用；
（b）对此种含水层或含水层系统具有影响或可能产生影响的其他活动；以及
（c）此种含水层或含水层系统的保护、保全和管理措施。

《条款草案》第 1 条描述了草案的适用范围，并概述了所有《跨界含水层法条款草案》所适用的主题事项和活动。在某种程度上，它紧随《水道公约》所采用的形式和内容，同时也涉及跨界含水层利用及保护、保全和管理的方法。然而，它在两个重要方面与《水道公约》的范围有所不同。首先，它采用了"利用"而非"使用"一词，以确保使用方式也包含在《条款草案》的范围内。虽然"使用"特指资源的用途，但"利用"则是一个更广泛的概念，还包含使用的机制和方法。例如，人们可能以饮用为目的去"使用"含水层中的水，但"利用"地下水还包括从含水层中抽取水并为既定目的输送水的方式。

其次,《条款草案》的范围扩展到与水资源利用相关的活动之外,并包括"对含水层或含水层系统有影响或可能产生影响"的活动。这一表述承认了含水层与地表水体相比,有其独特性和脆弱性,也考虑到在含水层之上或含水层周围进行的活动可能对其产生不利影响。那些可能造成危害的地表活动包括工业和农业生产,因为这些活动可能导致有害污染物泄漏,当然也包括工程建设、林业活动和其他可能阻碍含水层正常补给的活动。值得注意的是,这些活动也涵盖在含水层基质中进行的活动,如开采含水层中的矿物成分,或在含水层基质内建造地铁隧道,这些活动可能对含水层造成不利影响。

第 2 条 用语

本条款草案的目的:

(a)"含水层"是指位于透水性较弱的地层之上的渗透性含水地质构造,以及该地质构造饱和带所含的水;

(b)"含水层系统"是指水力上有关联的两个或两个以上的含水层;

(c)"跨界含水层"或"跨界含水层系统"分别是指其组成部分位于不同国家的含水层或含水层系统;

(d)"含水层国"是指跨界含水层或含水层系统的任何组成部分位于其领土内的国家;

(e)"跨界含水层或含水层系统的利用"包括提取水、热能和矿物,以及储存和弃置任何物质;

(f)"有补给含水层"是指在当代得到不可忽略的补给水量的含水层;

(g)"补给区"是指向含水层供水的区域,包括雨水汇集区域,以及雨水从地面流入或通过土壤渗入含水层的区域;

(h)"排泄区"是指含水层中的水流向诸如水道、湖泊、绿洲、湿地或海洋等出口的区域。

《条款草案》的第 2 条给出了其中主要术语的定义:含水层、含水层系统、跨界含水层和跨界含水层系统、含水层国、有补给含水层、补给区和排泄区。虽然这些定义在表述上基本没有争议,但仍有几点值得强调。

值得注意的是,《条款草案》的起草者试图为那些传统意义上属于科学和工程领域的术语提供法律上可接受的定义。虽然为技术概念制定法律定义并非新鲜事,但由于对这些特定术语缺乏经验,世界各国在测试和实施《条款草案》各项规定时需要谨慎考虑。例如，"不可忽略"和"当代"补给的概念可能在定义一个"有补给含水层"时似乎无伤大雅，但在一些情况下，如从水量和地理范围的角度来看，我们可能会质疑这些概念是否"可忽略"，又例如，从人类社会或地质条件的尺度来看，"当代"的范围可能会引起争议。然而这些问题的具体阈值尚未确定。

更确切地说，由于"含水层"一词是《条款草案》的核心术语，因此我们应特别详细地研究其定义的内涵和影响。在《条款草案》第2条中，"含水层"被定义为"位于透水性较弱的地层之上的渗透性含水地质构造，以及该地质构造饱和带所含的水"。值得注意的是，这个定义反映了科学家和法学家之间的折中方案。例如，大多数水文地质学文献（Fetter, 1994）都是依据"储存、传输和给出一定可用量的水"的潜力来定义含水层的。然而这些概念从《条款草案》的含水层定义中被排除，因为从严格的法律角度看，这些描述语太过模糊，会将目前没有产出水或由于技术和经济原因而未"开发"，但在未来可能具备开发条件的含水层排除在外。尽管如此，该折中方案保持了地下水科学家和资源管理者所需的最基本的技术概念及概念的灵活性，对监管者、决策者和律师而言，这也保障了他们履行义务过程中所需术语和定义的精确性。

然而，若直接将水文地质学中对"含水层"的定义应用于跨界地下水资源管理，则会出现一个超乎意料的难题：确定含水层将成为一项需时时更新的动态工作。如果根据地层是否含水或饱和（饱水）来定义含水层的话，那么今天被认为是"含水层"的某一地层，明天或许就不再是了。这是由于地下水通常处于流动状态，随着补给和排泄的变化，地层中所含有和（或）流经的水量通常也在不断地变化，所以，根据水文地质学中的定义，某地层是否为含水层并不是一成不变的。例如，一个潜水含水层的潜水面可能会在旱季或在抽水量超过补给量时下降（地下水水位下降）。在这种情况下，地层中原本"含水层"部分的规模和面积可能会减小。反之，潜水面可能因强降雨或抽水量减少而上升（地下水水位上升）；那么在这种情境下，潜水面的上升会使饱和带的规模和占地面积增加，从而使地层中符合"含水层"定义的部分有所增加。虽然这样一种遵从自然动态的定义不至于令人反感，但毕竟它反映出地下水资源管理和监管工作的复杂性，是必须考虑并纳入含水层管理实践中的因素。此外，当含水层国致力于确定其领土内跨界含水层的实际范围时，若要考虑含水层的动态变化，则可能会使这项工作变得复杂。

6.2.2 阐述国家权利与义务一般原则的条款

定义与国家权利和义务有关的一般原则的条约条款通常是谈判中最难以协商的,因为它们影响了国家采取行动的主权权利。这些条款可能会限制国家获准开展某些活动,包括那些在国家领土管辖范围内的地理区域开展的活动。这正是《条款草案》起草者在讨论适用于跨界含水层的国际法一般原则时所面临的问题。在这些讨论中,最有争议的可能是跨界含水层的主权概念。

第3条 含水层国的主权

各含水层国对跨界含水层或含水层系统位于其境内的部分拥有主权。含水层国应按照国际法和本条款行使主权。

《条款草案》第3条有效地承认每个含水层国对位于其管辖范围内的跨界含水层部分进行管理和调控的主权权利。这一条款的措辞是那些主张国家对位于其地下的自然资源拥有所有权的人与那些寻求类似国际水道所适用的有限主权概念的人进行激烈讨论的结果。

知名学者、联合国国际法委员会《水道公约》草拟条款第四任特别报告员斯蒂芬·麦卡弗里教授批判了这种提法,并将之等同于早已被否定的哈蒙主义教条[①]。他和其他一些人认为,该条款"将一国对其领土内地层的无可置疑的所有权(或主权)……与该地层中所包含的水混为一谈",并认为,虽然国家可能对"岩石"拥有主权,但不能对该构造中所包含的水拥有主权。"一个国家不能对与另一个国家共享的事物拥有主权所隐含*的那种排他性所有权"(McCaffrey,2011,p. 570)。因此,麦卡弗里认为该条款与适用于国际水道的习惯国际法背道而驰。

尽管麦卡弗里的立场有其逻辑和历史依据,也已在辩论中被提出,但联合国国际法委员会和联合国大会第六委员会中拥护主权的力量还是非常强大的。主权权利

[①] 哈蒙主义源于1895年美国司法部长贾森·哈蒙(Judson Harmon)就美国与墨西哥之间关于后者对格兰德河上游流域水使用和下游流量的抱怨而发表的一项意见。在那项决议中,哈蒙宣称:"国际法的基本原则是每个国家在其领土内排他性的绝对主权……墨西哥声称的权利(对格兰德河的部分水资源,与美国共享)的直接及可能的后果表明,承认这一权利与美国对其国土的主权完全不一致……"(Harmon,1895)。麦卡弗里断言,尽管有这一意见,美国在与邻国的关系中从未遵循哈蒙主义,部分原因是其担心在作为下游国的流域中会面临类似的困境(McCaffrey,2011)。

* 原文为"exclusive ownership that sovereignty implies"。——译者

支持者提出的主要观点是：如果不明确承认国家对本国领土内含水层部分的权利，那么跨界含水层就可能被视为集体所有。此外，他们认为，"共享"含水层和"国际"含水层这样的用语可能在一定程度上导致这些含水层国际化，并使其成为人类共同财产（UNILC, 2004, ¶ 54, p. 28）。最终，这些主张明确承认主权的人实现了他们的目标。也正因如此，与《水道公约》不同，《条款草案》还包含一个独立的条款，以承认含水层国对本国领土内的含水层部分拥有主权。

虽然表面上看起来没什么问题，但仔细推敲第 3 条的第二句话，就会发现该条款做出了一定程度的让步。《条款草案》第 3 条的第一句话明确强调对自然资源的传统主权概念，但第二句话却又明确承认这种主权的行使不是绝对的，以缓和这一立场的绝对性。根据《条款草案》第 3 条第二句话，各国只能在不与《条款草案》中阐述的义务和责任相冲突的前提下，对跨界含水层的某部分行使主权。实质上，选择接受这些条款和规范的国家——包括公平合理利用、不造成重大损害、交换数据、监管及其他条款和规范——必然要适当放弃某种程度上的主权，并在一定程度上放弃与《条款草案》规定相悖的主权权利[*]。虽然其中第二句话肯定不是对国家主权要求的直接限制，但它隐含着防止含水层国对位于其境内的跨界含水层部分提出绝对主权的要求。

尽管如此，关于主权问题的争论并没有平息。诸多学者和政府代表继续就这一问题表达自己的立场，随着越来越多的国家开始考虑如何利用其边境地带的地下水资源，可以预见，这一争论将持续下去。

第 4 条　公平合理利用

含水层国应按照下述公平合理利用原则利用跨界含水层或含水层系统：

（a）含水层国应以符合相关含水层诸国公平合理从中获益的方式利用跨界含水层或含水层系统；

（b）含水层国应谋求从含水层水的利用中获取最大的长期惠益；

（c）含水层国应基于其目前和将来的需要及替代水源的考虑，单独或联合制定全面的利用规划；以及

（d）含水层国对于有补给跨界含水层或含水层系统的利用程度不应妨碍其持续保持有效功能。

---

[*] 强调了原文中主权与主权权利之间的不同。——译者

第 5 条　与公平合理利用相关的因素

1. 依照第 4 条所述的公平合理方式利用跨界含水层或含水层系统，须考虑所有相关因素，包括：

（a）每个含水层国依赖含水层或含水层系统生活的人口；

（b）有关含水层国目前和未来的社会、经济及其他需要；

（c）含水层或含水层系统的自然特性；

（d）对含水层或含水层系统的形成和水量补给所起的作用；

（e）含水层或含水层系统的现有和潜在利用；

（f）一个含水层国利用含水层或含水层系统对其他相关含水层国的实际和潜在影响；

（g）有无替代办法可取代含水层或含水层系统的某一现有和已规划的利用方式；

（h）对含水层或含水层系统的开发、保护和养护，以及为此而采取的措施的代价；

（i）含水层或含水层系统在有关生态系统中的作用。

2. 对每个因素的权衡应根据该因素对特定跨界含水层或含水层系统的重要性与其他相关因素的重要性相比较而定。在确定何谓公平合理利用时，应综合考虑所有相关因素，并根据所有因素得出结论。但在权衡对跨界含水层或含水层系统不同类别的利用时，应特别重视人的基本需要。

与主权问题所面临的窘境相比，争议较少的是关于国际水法基本原则——公平合理利用（原则）和不造成重大损害（原则）——对跨界含水层的适用性的讨论。

《条款草案》第 4 条和第 5 条对公平合理利用原则进行了定义，在用语和条件上基本沿袭了《水道公约》中类似的条款。事实上，公平合理利用原则是一个实用主义的概念，它运用成本效益分析，试图最大限度地利用有限的水资源，同时将负担降到最低。第 4（b）条支持了这一点，其中规定含水层国家"应谋求从含水层水的利用中获取最大的长期惠益"。

而评估利益和负担的过程，则是根据《条款草案》第 5 条的简要清单来进行的。虽然这个清单与《水道公约》第 6 条中的清单十分相似，但它经过精心调整，也专门适用于地下水资源的独特性质。因此，第 5 条包含了以下要素："含水层或含水层系统的自然特性"（第 5（1）（c）条），"对含水层或含水层系统的形成和水量补给所起的作用"（第 5（1）（d）条），以及"含水层或含水层系统在有关生态系统中的作用"（第5（1）（i）条）。虽然条款中所有要素都是共同权衡的结果，但是每一个要素的呈现与否也都是根据其相对重要性及与其他相关因素的比较而衡量的。尽管处于"特别关注"层面，但也只有"人的基本需要"才享有较高的优先地位。虽然很模糊，但同样的表述也出现在《水道公约》第10条中，它在解决由不同用水方式引发的争端及保障基本用水等情况下能派上用场。

还有一点值得注意，《条款草案》第4（b）条是通过最大限度地从含水层"水的利用中获取长期惠益"来定义公平合理利用的。这项规定很重要，因为它承认了关于含水层的两个重要水文地质要素：无补给含水层是不可再生资源；有补给含水层如果被过度开采，也会成为不可再生资源。实际上，该条款根据每个含水层的独特性质和潜在惠益来调整可持续利用的概念，并要求含水层国构思他们所期望的长期惠益，以及如何最大限度地实现这些目标。

在此基础上，《条款草案》第4条偏离了《水道公约》中的对应条款，要求含水层国"考虑各含水层国目前和未来的需要及替代水源，单独或联合制订总体利用计划"（第4（c）条）。实际上，它已将制定一项公平合理利用跨界含水层的长期战略，作为每个国家遵守规范的一部分。

我们可能会发现，《条款草案》第4（d）条更加创新，更有前瞻性，它规定含水层国"对于有补给跨界含水层或含水层系统的利用程度不应妨碍它持续保持有效功能"。事实上，这个条款认识到了含水层，尤其是有补给含水层的独特性质，即它们有着动态但脆弱的运移、赋存、给水机制。正如本书在其他章节所提到的，这种机制的任何一个环节发生改变或被抹除，如含水层补给量显著减少或发生超采，这两种情况都会使水流量减少，甚至排干含水层，当然也包括含水层污染或采挖含水层基质（例如，含水层基质中蕴藏的矿物）——会对含水层的正常功能产生相当大的影响。因此，《条款草案》中有这样一个保护含水层正常功能的条款是合情合理的。

第6条 不造成重大损害的义务

1. 含水层国在本国境内利用跨界含水层或含水层系统时，应采取一切适当措施，防止对其他含水层国或排泄区所在的其他国家造成重大损害。

2. 含水层国在从事利用跨界含水层或含水层系统以外的活动，但对该跨界含水层或含水层系统具有影响或可能产生影响时，应采取一切适当措施，防止通过该含水层或含水层系统对其他含水层国或排泄区所在的其他国家造成重大损害。

3. 如果含水层国的活动对其他含水层国或排泄区所在的国家造成重大损害，该含水层国应适当注意第 4 条和第 5 条的规定，与受影响国进行协商，并采取一切适当应对措施消除或减轻这种损害。

与公平合理利用原则一样，不造成重大损害也被视为国际水法的基本原则之一。它基于拉丁格言"sic utere tuo ut alienum non laedas"，即各国有义务不以损害另一国领土的方式使用或允许使用本国领土。这一准则的关键要素是，损害必须达到"重大"的程度才构成违反。就水道而言，联合国国际法委员会表示，重大损害发生在"损害超出或已经超出依靠使用水资源获利的国家间的常规范围"（UNILC，1993b，p. 89，¶ 380）。[①]

当联合国国际法委员会开始审议"不造成重大损害"原则对跨界含水层的适用性时，委员会的许多成员对此表示出极大的怀疑和关切。他们认为，基于含水层的独特性质，尤其是对污染的敏感性、相对缓慢的流动及较弱的修复力，有必要采取比地表水更积极的方法，也就是将损害的阈值降低或使用更严格的标准。例如，虽然全面评估有毒化学品泄漏事件对河流或其他沿岸国家造成的威胁可能有些困难，但若这类泄漏事件发生在含水层补给区附近，评估的复杂程度则以指数级上升。其中必须考虑的问题是：在泄漏事件发生之后，危害在什么时候才会变得"重大"？在跨界河流的情境中，答案可能是当污染物进入河流时，或是污染物流过国界线时，同时也取决于发生泄漏事件的国家何时采取合理措施来防止或尽可能减小跨界影响。相反，由于防止污染物羽*向含水层饱和区运移是很有难度的，而净化被污染的含水层也充满挑战，因此，甚至在污染物到达含水层的饱和区或通过含水层越过国界之前，受害一方就有理由提起诉讼。例如，其他国家可能在补给区内污染物流动方向能确定时，或在污染物开始渗入含水层补给区时，甚至在泄漏事件发生之时，就提起诉讼。

尽管与会人员在联合国国际法委员会的审议中提出了许多对"重大"这一措辞的担忧，但特别报告员山田和其他联合国国际法委员会成员仍建议：没必要替换

[①] 在努力界定和阐述阈值时，联合国国际法委员会（UNILC）指出，重大损害意味着"超过'可测量'，但低于'严重'或'实质性'"（UNILC，1993c，at 169，¶ 4）。国际法委员会还断言，"不可忽视但又不一定达到'实质性'或'重要'程度"的不利影响或损害被视为"重大"（UNILC，1993c，at 89，¶ 379）。

* 指污染物在环境介质中的迁移，包括对流扩散、机械弥散和分子扩散等作用，在这些共同作用下，污染物的分布往往呈由排放点发散的带状。——译者

"重大"一词,因为"重大"损害的阈值"是一个灵活的、相对的概念"(Yamada, 2004, at ¶25)。他们认为,某一损害是否能称为是"重大"的,应该依据整体情况判定。换言之,某种损害可能在一种情境下被视为是重大损害,而在另一不同情境下则可能被认为是无关紧要的损害。

虽然特别报告员的主张最终被采纳,但采用"灵活且相对的"方法去评估损害是否到"重大"的程度还是引发了与会人员的顾虑,因为它使"重大损害"的判定过程变得复杂。这也意味着,为确定损害的最低阈值,含水层国不仅需要针对实际情况采取专门的评价方法,同时也需要大量的科技支撑和数据基础。此外,若含水层国指控别国对跨界含水层造成了重大损害,那么该国就要证实为何这种情况下达到了"重大损害"的阈值,这是有难度的,因为相同的情况如果出现在地表,就有可能不会达到重大损害的程度。虽然各国在接纳国际法的一般原则时似乎更注重原则的灵活性,但过度的灵活性也会破坏原则的目标和宗旨。此外,这种相对主义还会带来意外的后果,它可能导致阈值过高,以至于在没有出现实质性重大损害(高于重大的标准)的情况下,很少有潜在的或即将发生的损害能够上升到重大的程度。

在已造成重大损害的前提下,围绕含水层国的义务进行的辩论相对较少。在这种情况下,据《条款草案》第6条第3款,对造成重大损害负有责任的含水层国必须采取"一切适当应对措施消除或减轻这种损害……"。这一措辞紧跟《水道公约》中类似的条款(在第7条),只是它没有提及含水层国商讨赔偿问题的义务。该条款的起草者决定将赔偿问题排除在外,因为他们认为国际法中的其他一般规则已充分阐明这种义务,所以《条款草案》不需要为赔偿问题专门设立条款。

不过,委员会在《条款草案》中补充了一项在《水道公约》中没有对应内容的义务。第6条第2款规定,含水层国有义务"采取一切适当措施"来保障其他活动不会对其他含水层国造成重大损害,例如,与含水层利用无关的活动。这一规定具体涉及第1(b)条中所述的《条款草案》的范围,并聚焦于除含水层利用外的活动,即"具有影响或可能产生影响的其他活动"。这一措辞的目的是确保与含水层本身无关的活动不会对跨界含水层产生不利影响,例如,工业或市政开发、农业生产,以及其他在补给区进行的活动,包括挖掘含水层基质,进而避免对其他含水层国造成重大损害。

另外,在评估重大损害方面,还有一个问题值得关注。现在很多国家境内都存在先前沉积的污染物,这些污染物尚未对跨界地下水资源造成任何程度的损害,但在未来却有可能带来跨界影响，我们称这种潜在威胁为"定时炸弹问题"①。例如，苏联经常在垃圾填埋场、废弃盐矿和其他可能位于国际边界附近的地下空间丢弃或存放有毒物质及其他危险材料。如今，很多这样的堆积物会因埋藏点发生泄漏，或因弃置点附近存在人类活动而造成污染，从而威胁地下水资源安全。后者就包括含水层开发，或是改变垃圾填埋点下伏地层中现有的抽水活动，抑或是开发弃置点上覆的土地，这些活动都可能导致有害物质位移并污染含水层（Appelgren et al.，2004）。

虽然国际法禁止事后适用新的法律原则和协议，但我们目前尚不清楚如何根据不造成重大损害原则来处理这种"定时炸弹"问题。一方面，有害物质是以前弃置的，那时人们还很少意识到或在政治上承认这些丢弃物可能泄漏、可能对人类健康和环境造成威胁，也没考虑采取预防措施，而在发生泄漏事故的情况下，将不法行为追溯到丢弃污染物在法律上是合理的。另一方面，如果人为活动导致污染物从原有范围内逸出或以其他方式到达跨界含水层，那么损害可能就要归咎于该项人为活动，而不是那堆污染物。在后一种情境中，在确定国家是否应承担跨界损害责任时，一个关键因素就是：该国是否在一定程度上知晓这种行为可能或终将造成危害。

类似地，这一讨论可能同样适用于由人类活动引发的自然界污染，如从地层中抽水。阿根廷和孟加拉国的居民就仅因为从较深含水层中抽水而导致天然存在的砷污染了他们的淡水供给。② 同样，在尼日尔共和国伊莱梅登含水层的跨界多含水层系统中，尼日利亚边界附近的钻井活动就使含水层受到氟化物和硼的污染（Appelgren et al.，2004；Vengosh et al.，2004）。在这些案例中，人类活动没有直接产生污染，污染物都是天然赋存于地层内的。而人类活动导致污染物流经或渗入含水层，造成了重大的公共健康和环境问题。与故意弃置有害废弃物的案例一样，在

---

① 这个术语是由联合国教科文组织（UNESCO）的高级顾问博·阿佩尔格伦（Bo Appelgren）和沙米·普里（Shammy Puri）在为联合国教科文组织的专家小组和联合国国际法委员会特别报告员、大使山田中正准备的论文中创造的，以支持和建议特别报告员研究跨界含水层（Appelgren et al.，2004）。

② 发生在西孟加拉邦和孟加拉国的砷中毒案可能是最大规模的天然砷中毒事件，如今约有 2.2 亿人从该地下含水层中获得生活所需的大部分淡水。20 世纪 70 年代，廉价的钻井技术和国际组织的善意鼓励促使数百万孟加拉人在浅层含水层钻探私人水井，而研究人员和公众并不知道，这些含水层含有天然存在的砷，浓度在 5~41 μg/L（Appelgren et al.，2004；Moench，2004）。而世界卫生组织设定的砷含量最大标准为 10 μg/L（WHO Factsheet，2016）。还有一种类似但更致命的情况，在阿根廷西北部的查科-潘帕纳地区天然生成的砷，其浓度记录在 742~14969 μg/L，这些砷从火山灰中渗出并进入地下水，污染了近 120 万阿根廷人的饮用水（Appelgren et al.，2004；Moench，2004）。

判定是否适用跨界损害责任时，我们可能需要考虑那些做出危害行动，或允许其公民这样做而导致损害跨界含水层的国家是否对这种行为可能或终将带来损害一事有任何程度的了解。

还有一种情况是，某含水层国的不作为可能导致另一含水层国遭受重大损害。例如，即便 A 国目前并未使用某一跨界含水层，但多年前 A 国境内弃置于跨界含水层附近的有毒物质最终也可能对 B 国造成重大损害。例如，随着时间的推移，降水酸度的变化会使渗入某垃圾填埋地的降水能够溶解（废弃物的）包装材料并使被埋物质渗入含水层。同样，一场地震可能使埋于地下的有害物质离开原位，导致它们运移或损坏，从而污染邻近的含水层。在上述两种情况下，某含水层国缺乏监管和额外的预防措施可能会给毗邻的含水层国带来重大损害。该国是否应被判定为对损害负有责任仍不明确。此外，可想而知，天然存在的污染物也可能使一国虽无作为但却造成了重大跨界损害的发生。

虽然《条款草案》起草者并没有考虑不作为的情况，但它也不至于落在可能情况的范围之外。再一次强调，某含水层国对污染来源的了解，无论是自然的还是人为的，都可能是确定该含水层国是否应对"通过共有含水层造成的跨界损害"承担责任的关键标准。

第 7 条 一般合作义务

1. 含水层国应在主权平等、领土完整、可持续发展、互利和善意的基础上进行合作，以实现跨界含水层或含水层系统的公平合理利用和适当保护。

2. 为第 1 款的目的，含水层国应设立联合合作机制。

一般合作义务是一项被广泛接受的国际法原则，几乎适用于所有跨界资源问题。从这个角度看，将这种一般义务纳入特定主题的协定甚至都可能是多余的。然而，合作义务是全面管理跨界水资源所不可或缺的。在《条款草案》的语境中，它成为其他条款在具体合作形式上的应用框架，包括：定期交换数据和信息（第 8 条）；保护和保全生态系统（第 9 条）；防止、减少和控制污染（第 11 条）；监管（第 12 条）；管理（第 14 条）；以及与发展中国家的科学与技术合作（第 15 条）。

将这种义务纳入协定中通常被视为一项应尽的责任。正如联合国国际法委员会成员、来自巴西的卡洛斯·卡列罗·罗德里戈先生提出的："合作（是）一个目标、一个行为准则，但不是一个严格的、一旦违反就须承担国际责任的法定义务。"（UNILC, 1987, at 71, ¶ 13）然而，一个国家越有能力采取特定行动，就越有责任履行相应义务。

尽管第7条的表述具有普遍性，但其中有两个具体特征与《水道公约》中的相应条款不同，这值得注意。第一个是将"可持续发展"作为合作基础之一。这与"可持续利用"一语不同，因为可持续发展侧重于确保持续的水资源供应，以满足人类发展的需求。虽然《水道公约》在表述公平合理利用原则时使用了"可持续利用"这一短语，但它在《条款草案》的任何原则中都未出现。

第二个独特之处体现在《条款草案》第7条的第2段，其中规定，为履行一般合作义务，"含水层国家应建立联合合作机制"。虽然在其他国际文件中也有建立联合机制的概念，包括《水道公约》第8条第2款规定的一般合作义务，但《条款草案》的用语使之更像是一种积极的，而非被动的表达。《水道公约》使用了"可考虑建立他们认为必要的联合机制或委员会"的措辞，但《条款草案》第7(2)条提出含水层国"应设立联合合作机制"。虽然两者都未明确规定建立机构或程序的强制性义务，但后者无疑更进一步地表达了这种承诺。通过这种方式，《条款草案》承认这类体制机制在促进合作及有效管理跨境地下水资源方面的价值。

第8条 数据和资料的定期交换

1. 根据第7条，含水层国应定期交换关于其跨界含水层或含水层系统状况的现成数据及资料，特别是地质、水文地质、水文、气象和生态性质、与含水层或含水层系统的水文化学有关的数据和资料，以及相关预报。

2. 如对一跨界含水层或含水层系统的性质和范围了解不够，有关各含水层国应考虑现行做法和标准，尽力收集和提供有关此含水层或含水层系统的更完整的数据和资料。有关各含水层国应单独或共同采取这种行动，并酌情协同或通过国际组织采取这种行动。

3. 如一含水层国请求另一含水层国提供关于含水层或含水层系统的非现成数据和资料，后者应尽力满足该请求。被请求国可附带条件，要求请求国支付收集和酌情处理这种数据或资料的合理费用。

4. 含水层国应酌情尽力收集和处理数据和资料，以便接收这种数据和资料的其他含水层国予以利用。

交换数据与信息的义务对于跨界含水层合作及其高效管理至关重要。若不分享这些信息，含水层国的决策将受到阻碍，因为各国将无法整体预测和规划任何由跨界含水层利用或其他可能影响含水层的活动所产生的负面后果。

虽然《条款草案》第 8 条总体上类似于《水道公约》第 9 条，但它针对含水层的独特性进行了一定程度的调整。例如，第 1 款规定含水层国应定期交换"地质、水文地质、水文、气象和生态性质的数据和资料，与含水层或含水层系统的水文化学有关的数据和资料，以及相关的预报"等数据和信息，这些都是有效界定和识别含水层特性所必不可少的。此外，考虑到通常关于跨界地表水体的信息比大多数跨界含水层的信息要丰富得多，《条款草案》第 8（2）条规定，含水层国"尽最大努力"开发新数据和信息以填补知识空白的义务，这是《水道公约》所无可比拟的。这一义务也基于对履行《条款草案》中其他义务的理解，如公平合理利用和不造成重大损害，都在很大程度上依赖相应信息的获取与分析。

在产生数据和信息的基础上，《条款草案》第 8（3）条为含水层国提供了一种可能性，即可以要求邻近的含水层国生成所需的数据与信息。被请求的国家必须"尽最大努力"满足这一请求，但可以要求请求国支付收集和处理这些数据或资料的合理费用。虽然并未明确说明，但这一条款的目的是：尽量减轻资源有限的含水层国参与跨界含水层管理的负担，并防止含水层国提出不合理的数据与信息需求。

第 8 条的最后一段规定，含水层国有义务尽"最大努力"，确保其数据收集和处理工作的产出成果能够有助于其他含水层国利用这些数据和信息。这一规定基于这样的认知：某些技术数据和信息，如地下水流量、水力势能和（地下水）化学成分，往往可以通过不止一种方法或利用不同仪器来获取，但这些不同的方法和机制可能会产生不同的结果。这的确是个问题，因为涉及产生这些信息的分析过程中有许多影响因素和假设条件，以及收集或处理这些数据的专业人员的教育程度、培训、经验和偏好各异。通过不同方法和机制得出的结果可能不兼容，在最糟糕的情况下，这些不相容的分析结果对建立含水层基线特征或动态变化情况可能是无用的。理想情况下，含水层国应协调在生成和处理数据及信息时使用的方法、技术、程序、假设及工艺——统称为元数据。虽然《条款草案》第 8（d）条没有进一步阐明，但它确实强调需要生产和传播其他含水层国家在管理跨界含水层时可以解释和利用的数据与信息。

需要指出的是，与《水道公约》第 9 条的数据分享要求一样，《条款草案》第 8 条的规定涵盖了所有含水层国，无论这些国家是否正在积极利用某一含水层。虽然出于交换可用信息的目的，这似乎是合理的，但在生成新的数据与信息方面可能会引发担忧。目前还未利用一个或多个跨界含水层的国家将缺乏动力去投资与本国用水需求关系不大的数据编制工作。

第 9 条 双边和区域协定和安排

为管理特定跨界含水层或含水层系统的目的，鼓励含水层国相互订立双边或区域协定或安排。含水层国可就整个含水层或含水层系统或其中任何部分或某一特定项目、方案或利用活动订立此种协定或安排，除非此种协定或安排对一个或多个其他含水层国利用该含水层或含水层系统的水资源造成重大不利影响，而未经其明示同意。

虽然绝大多数跨界含水层都有一些普适的共同特征，但大部分含水层都展现出由其所处的地理位置、地质历史、气候及其他环境因素所特有的特征。此外，一些含水层国可能有着与世界上其他地区非常不同的历史、政治、社会和经济特征。基于这些原因，《条款草案》并没有被设计为示范条约。相反，其中各项规定共同形成了一个对跨界含水层普遍适用的原则框架。理想情况下，《条款草案》中提出的概念和原则可以作为一个框架或一套准则，用于针对每个含水层和区域的独特特征来制定更具体的含水层协定。

相应地，《条款草案》第9条鼓励含水层国加入或者发展针对具体含水层或特定区域的协定，以适应每个含水层及其环境的独特性。此外，鉴于在制定跨界含水层协定方面缺乏经验，《条款草案》还允许制定"安排"，以作为协定的替代办法，使各国能够在不必受合同约束的情况下培养合作与经验。出于类似的原因，《条款草案》提倡，国家之间可以为含水层、含水层系统或含水层的任何部分制定协定和安排，只要该协定或安排在未经明确同意的情况下不对未参与该安排的任何含水层国的利益产生重大或不利影响。

6.2.3 与保护、保全和管理相关特定义务的条款

《条款草案》接下来的部分也提出了管理跨界含水层的实质性原则。然而，这一部分与"一般原则"部分的区别主要在于，前者所列举的基本规范建立在国际水法话语体系中已有原则的基础上。换言之，虽然"一般原则"中的条款显然是针对地下水资源的独特性质而制定的，但这些原则所依据的理论，如国家主权、公平合理利用、不造成重大损害、一般合作义务与交换数据和信息，作为管理跨界淡水资源的基本原则，在国际社会中被广泛接受。相较而言，后续部分提出的原则，无论是专门针对跨界含水层的，还是新颖且未被广泛认可的，都有其特殊性。因此，尽

管关于先述原则习惯地位的辩论仍在持续，但接下来的条款显然是在联合国国际法委员会"逐步发展"国际法的职责范围内制定的。

第10条 生态系统的保护和保全

含水层国应采取一切适当措施，保护和保全跨界含水层或含水层系统内的生态系统或依赖这些含水层或含水层系统生存的生态系统，包括采取措施确保含水层或含水层系统所保留的水，以及经排泄区排出的水的质量和数量足以保护和保全这些生态系统。

生态系统通常被定义为所有生物个体，以及它们与环境中的化学和物理因素相互作用的动态群落。生态系统几乎总是依赖某些水源，在很多情况下，这些水源是地下水。依赖含水层的生态系统包括由下伏含水层或附近泉水维系的湖泊和湿地、植物群落、季节性或暂时性依赖地下水的动物群，以及存在于或靠近枯水期由地下水维系的河流的基流生态系统。然而，依赖含水层的生态系统也可以存在于某些含水层基质中，例如，在岩溶（喀斯特）含水层中的栖息地和物种。

确保依赖含水层的生态系统的可持续性的义务，与保护自然环境以惠及人类的愿景息息相关。因此，《条款草案》第10条规定，含水层国家有义务"采取一切适当措施"，确保跨界含水层内和跨界含水层附近生态系统的存续。这一义务包括采取一切适当措施，确保补给或流经生态系统的水质和水量。同时也涉及从含水层排泄区流出的水质与水量，以及那些离得更远但仍依赖地下水的生态系统。

第11条 补给区和排泄区

1. 含水层国应查明其境内存在的跨界含水层或含水层系统的补给区和排泄区，并应采取适当措施，防止和最大限度减少对补给过程和排泄过程的有害影响。

2. 补给区或排泄区全部或部分位于其境内而相对于有关含水层或含水层系统而言不属于含水层国的所有国家，应与含水层国合作，保护该含水层或含水层系统。

除大多数无补给含水层外，补给区和排泄区是所有含水层必不可缺的组成部分。为了保障含水层的活力和正常功能，含水层国必须维护并保护相关补给区和排泄区的完整性。就补给区而言，这涉及保障流入补给区并进入含水层的水质和水量。因此，对补给区的保护可能包括对补给区内的工业和市政开发项目施加限制，这些项目可能会使通过补给区渗入含水层的水量减少。就排泄区而言，确保地下水出流过程的完整性对于维持含水层的正常功能至关重要。排泄量的任何减少或增加都可能对含水层内水的流动、潜水含水层中潜水面的位置或承压含水层内的相对压力、含水层的净化能力或每个含水层的任何其他特性产生负面影响。保护措施可以包括限制含水层排泄区内的工程建设，工业、农业和其他活动。对补给区和排泄区来说，保护它们的整体性也意味着保护这些区域的基质和地层，使其正常功能不会受毁灭性影响。因此，补给区或排泄区的采矿活动可能会受到限制，以防止此类损害。

理想情况下，含水层国应协同努力，查明所有补给区和排泄区，并制定适当的策略来保护补给和排泄过程。然而，《条款草案》第11（1）条仅要求含水层国查明位于其境内的跨界含水层补给区和排泄区。一旦查明，含水层国就有义务"采取适当措施，防止和尽量减少"这些区域内对补给和排泄过程造成的任何不利影响。然而，尽管这种提法听起来合乎逻辑和常理，但该条款的表述为含水层国拒绝承认其境内的某个补给区或排泄区留有余地。它还允许国家仅采取名义上适当的保护措施，以尽量减少对这些区域的有害影响。造成这一难题的原因在于，其中并没有明确是否应该对补给区和排泄区的轮廓和特征进行具体划定。《条款草案》第11条的叙述和第2条中对补给区和排泄区的定义都没有给出相关细节。虽然查明、划定和评价这些区域（补给区和排泄区）的责任通常落在水文地质学家和其他水务专业人员的身上，但是，为国际关系目的而描述水和土地特征向来都是每个国家政治权利之内的事情。

与《条款草案》第11（1）条的相对合理性相比，第11（2）条提出了一种更为复杂且引人入胜的情况。实际上，其中对跨界含水层和相关生态系统进行合作和保护的义务适用于两种可能场景。较为简单的情况是，一个含水层位于A国，但其排泄区位于B国境内，由于这一情景下的两国实际上都是含水层国，因此这一段只是强调了《条款草案》前半段中包含的义务，如第6条（不造成重大损害）、第8条（一般合作义务）和第10条（生态系统保护）。

更复杂的情景基本上是，一个含水层位于A国，但其补给区位于B国境内。与前述例子不同，由于补给区仅是水流向含水层的地理区域和土壤，且并不包含岩土层的饱水部分，B国永远无法从含水层的地下水中直接获益，因此没有理由对该含水层开展合作与保护。此外，除非A国向B国提供某种价值，否则B国没有动力成为任何与含水层管理相关协定的缔约方。尽管如此，该条款的核心内容表明，国家（此例中的B国）有义务对含水层及与之相关的任何生态系统展开合作与保护。

然而，根据国际法，无论是具体针对某一含水层的条约还是更普遍的协定，除非B国自愿成为包含此类规定的条约缔约方，否则不能将此类义务强加于B国。正如《维也纳条约法公约》第 34 条所规定的："条约未经第三国同意，不产生义务或权利。"此外，根据该公约第 35 条："（只有）在条约缔约方有意通过该条款确立义务，且第三国以书面形式明确接受该义务的情况下，条约的某一条款才会对第三国产生义务。"

显然，考虑到补给区对含水层的完整性和正常功能很重要，非含水层国的不参与会造成令人不满的局面。随着时间的推移，习惯和实践有可能最终使非含水层国对位于其境内的补给区承担某种形式的实质性义务。然而，鉴于目前没有具体的习惯国际法，现行的国际法体系和国际关系体系并没有提供一种能驱使无利害关系国家承担这种义务的方法。

尽管有上述情况，考虑到第 2 条中"含水层"的定义及《条款草案》的适用范围，这一讨论可能是多余的。如前所述，含水层的定义聚焦于透水地层的饱和部分，而《条款草案》的适用范围则限于跨界含水层和含水层系统。相比之下，上述描绘的情景——一个位于 A 国的含水层在 B 国境内有补给区——将不属于《条款草案》的适用范围，因为该含水层实际上被定性为 A 国的国内含水层。换言之，按《条款草案》第 1 条中的定义，第 11（2）条似乎超出了《条款草案》所界定的范围。

值得注意的是，最后的讨论不仅停留在学术层面。补给区位于非含水层国的含水层包括中亚地区锡尔河流域的一系列深层承压含水层，它们主要在土库曼斯坦和塔吉克斯坦的高山上得到补给，与锡尔河没有水力联系（Sydykov et al., 1993）；还有以色列和巴勒斯坦之间的山区含水层，它在巴勒斯坦境内约旦河西岸高地得到补给（Eckstein et al., 2003a）。因此，我们可能需要进一步考虑"含水层"的定义，以及含水层国与存在补给区的非含水层国之间的关系。

第 12 条　防止、减少和控制污染

含水层国应单独并酌情联合防止、减少和控制可能给其他含水层国造成重大损害的跨界含水层或含水层系统的污染，包括通过补水过程造成的污染。鉴于跨界含水层或含水层系统性质和范围的不确定性及其容易受到污染的特性，含水层国应采取审慎态度。

《条款草案》第 12 条涉及某含水层国的含水层污染可能对另一含水层国造成重大损害的问题。它强调含水层国必须"防止、减少和控制可能给其他含水层国造成重大损害的污染……"。

正如本书其他部分所讨论的，含水层具有特殊的脆弱性，因为地下水的流速相

对较慢，与地表水资源相比，其再生能力更为有限、更新周期更长。此外，含水层通常位于地表以下很深的地方，这使监管和保障含水层的完整性成为一项非常复杂的任务。因此，含水层某部分的污染可能需要很长时间，可能是几年甚至几十年，才会在该含水层的其他部分出现。换言之，含水层国可能在其领土内污染一部分含水层后，不会立即或迅速影响另一含水层国。这可能发生在以下情况中：由于流向和流速的原因，污染物在很长一段时间内仍留在原国，或出现在其他含水层国目前并未利用的部分中。

在考虑到这一点的前提下，令人惊讶的是，《条款草案》第12条没有规定含水层国必须防止对跨界含水层的一切污染，而是规定它们有义务防止可能对另一含水层国造成重大损害的所有污染。尽管该条款使用了强制性的用语"应该"以阐明该项义务，但它也明确指出，必须避免的污染是那些"可能对其他含水层国造成重大损害的"污染。虽然这一措辞明确地提到《条款草案》第6条中所述的不造成重大损害义务，但它设定的损害阈值比第6条中的更低。虽然后者从实际重大损害的角度处理负面影响，但第12条中使用了修饰语"可能"，要求即使在重大损害的可能性并不明确的情况下，含水层国也要采取预防及防范措施。

该条款仍未回答的问题是：由哪一方来判定阈值？出现污染的含水层国是否有责任决定某种污染"可能对其他含水层国家造成重大损害"，以及有必要采取何种预防或防范措施？或者，这个决定权是否应留给可能遭受重大损害的含水层国？考虑到主权问题和围绕第3条的讨论，答案很可能是前者*。然而，在某种程度上，《条款草案》试图减轻后者的模棱两可——通过使所有含水层国都负有"采取预防性措施"的义务以解决含水层污染，和某含水层国可能对其他含水层国造成重大损害的问题。因此，根据《条款草案》第12条，无论是由哪一方来判定损害阈值，出现污染的含水层国都必须始终谨慎小心。

第 13 条　监测

1. 含水层国应监测其含水层或含水层系统。含水层国应尽可能与其他有关含水层国联合开展监测活动，并酌情与主管国际组织协作开展这种活动。含水层国如果无法联合开展监测活动，应相互交换监测所得的数据。

---

*　依《条款草案》第3条，答案应是：应该由出现污染的含水层国来决定阈值，即出现污染的含水层国有责任决定某种污染"可能对其他含水层国造成重大损害"，以及有必要采取某种预防或防范措施。——译者

2. 含水层国应使用商定或统一的标准和方法监测其跨界含水层或含水层系统。含水层国应以含水层或含水层系统的商定概念模型为基础，确定须监测的重要参数。这些参数应包括第 8 条第 1 款所列的含水层或含水层系统的状况参数，以及含水层或含水层系统的利用情况参数。

根据《条款草案》第 8 条，含水层国有义务定期交流与跨界含水层相关的数据和信息。为了履行这项义务，似乎有理由认为，各国必须以某种一致的方式生产数据和信息。因此，《条款草案》第 13 条为含水层国规定了监测其跨界含水层的肯定性义务。在这个语境下，监测是指对与跨界含水层相关的各种特性和条件进行持续调查。第 13（2）条虽然不是一个详尽的清单，但它要求监测第 8 条中提及的含水层特征和各项条件，以及含水层的利用情况。

《条款草案》也鼓励各国与其他含水层国合作开展此类监测活动。从科学和政治的角度来看，协同监测可能是最理想的情况，因为它既考虑了资源共享，也接受各方就监测计划、方法、技术、假设和工艺达成协议。此外，这种合作能促进各方利用从监测活动中获得的数据和信息。第 12（2）条进一步强调了协同努力，要求含水层国在联合或独立开展监测活动时"统一标准和方法"。同样重要的是，《条款草案》鼓励含水层国共同拟定含水层的概念模型。以数学模型为基础，实现对水文地质系统的形象化呈现，它使水文地质学家能够评估和分析含水层，并预测该系统在各种情况下的反应。

第 14 条　管理

含水层国应制订并执行妥善管理跨界含水层或含水层系统的计划。含水层国应根据它们中任何一国的请求，就跨界含水层或含水层系统的管理进行协商。应酌情建立联合管理机制。

与《条款草案》前述部分相比，第 14 条提出了一个更加普遍的义务：制订并实施妥善管理含水层的计划。实际上，这一条款涵盖了《条款草案》内所有其他义务，要求含水层国事先制定并建立机制，通过真诚合作、交流数据和信息等措施，以公平合理的方式管理含水层，不对其他含水层国家造成重大损害。根据《条款草案》，这样的规划可以单独或与其他含水层国联合进行。但是，《条款草案》还规定，如果某含水层国被要求与另一含水层国就跨界含水层的管理进行协商，尽管加入与否并不影响协商的结果，该含水层国也必须按要求行事。

此外,《条款草案》要求含水层国"酌情"建立管理跨界含水层的联合机制。虽然止步于提倡建立一个机构来开展联合管理,但《条款草案》仍能有效地让各国执行合作和协调义务。诚然,"酌情"这一用语在某种程度上允许各国拒绝他们认为不合理的义务,进而缓和义务的强制性。不过,鉴于只有很少一部分跨界含水层拥有协同管理机制,适当进行规定也是有道理的,这可以让各国灵活地试验管理跨界地下水资源的不同方法。

第 15 条 已规划的活动

1. 如果一国有合理理由认为,其境内某一已规划的活动可能对跨界含水层或含水层系统造成影响,因而可能对另一国造成重大不利影响,则该国应在切实可行的情况下,对此活动可能造成的影响进行评估。

2. 一国在实施或允许实施可能影响跨界含水层或含水层系统,因而可能对另一国造成重大不利影响的已规划的活动之前,应将此事及时通知该国。在发出此种通知时应附上现有的技术数据和资料,包括任何环境影响评估,以便被通知国能够评价已规划的活动可能造成的影响。

3. 如果通知国和被通知国对已规划的活动可能造成的影响有异议,双方应进行协商,并在必要时进行谈判,以期公平解决问题。双方可利用独立的事实调查机构对已规划的活动的影响作出公正评估。

在《水道公约》对国际水道沿岸各国规定的各种义务中,没有任何一种义务像《条款草案》中关于已规划活动的条款这样详细。《水道公约》中有不少于9个条款规定,当水道国计划开展的活动可能对其他水道国产生重大影响时,应按相应步骤和方法尽到通知和回应的义务。相比之下,《条款草案》只对其中一个条款提出了相当简单的程序性要求——评估已规划活动可能产生的跨界影响,实时通知可能被影响的含水层国,同时提供可用的技术数据和信息,以及在各国对已规划活动可能产生的影响有分歧时进行协商。在第 15 条的注释中,联合国国际法委员会解释道,"最低限度的做法"是由于"关于含水层的国家实践很少"(UNILC,2008,at Commentary 1 to Draft Article 15)。

尽管缺乏经验,但第 15 条的措辞包含了一个出人意料的含义,这在《水道公约》中并没有对应内容,它肯定是联合国国际法委员会根据"逐步发展"国际法的任务而精心制定的——第 1 段所述的义务和益处均扩展至非含水层国。实际上,该条款规定所有国家都有义务评估其管辖范围内可能造成跨界影响的活动,即"可能影响一个跨界含水层……从而可能对其他国家造成重大的有害影响"。因此，这种表述暗示：即使是非含水层国，其活动若可能影响跨界含水层或含水层系统，即便这些活动完全在本国境内进行，该国也必须进行此类评估与通知。显然，这种广泛的适用在一定程度上是有问题的，因为如上所述，未参与协定的国家不应受到协定的约束。

值得一提的是，第1段的用语还暗示，非含水层国也可能是潜在的受影响一方。然而，这种情况似乎不太可能，因为对跨界含水层的不利影响基本不太可能对一个无含水层国产生"重大不利影响"。

虽然不那么引人关注，但与触发该义务的标准相关的另外两点特别值得注意。首先，启动评估义务的阈值定为"重大不利影响"，而不是第6条中的"重大损害"这一更高标准。由于该条款关注的是计划中的、尚未实现的措施，因此，一个有条件且预防性的标准是合理且妥当的。此外，该条第2、3段包含的义务完全取决于是否满足第1段的要求。换言之，行动国必须确定其已规划活动可能影响跨界含水层，进而可能对其他国家造成重大不利影响。启动评估义务的标准之一是行动国确定"有合理理由认为"可能发生此类影响。如果该措辞让行为国自主决定是否存在合理理由，那么在该国没有受到法律或政治压力的情况下，整个条款就可能变得无关紧要。

6.2.4 补充条款

《条款草案》的最后一部分包含若干补充条款，旨在对《条款草案》进行补充，使之成为一个整体。其中包括与发展中国家的技术合作的第16条、关于紧急情况的第17条、规定武装冲突期间的保护的第18条、对国防或国家安全至关重要的数据和资料的第19条。总体而言，这些条款与跨界含水层的主题没有直接关联，它们在许多关于水道、环境及其他全球议题的国际文献中以不同形式存在。因此，虽然这些条款的确是相关的，且在制定当地具体的跨界含水层安排时应予以考虑，特别是在考虑为跨界含水层制定区域或全球协定的情况下，但本书不对此进行讨论。

6.2.5 《跨界含水层法条款草案》的现状

自2008年联合国国际法委员会将《条款草案》提交至联合国大会以来，《条款草案》已在联合国大会的议程上出现四次。在 2008 年、2011 年、2013 年和 2016 年，大会及其第六委员会成员考虑了《条款草案》中的各项条款和规范及可能采取的形式。在这四次会议上，该议题都被推迟到后续的联大会议上进一步审议。基本上，这些讨论未能就如何推进该议题达成共识，因此，《条款草案》被搁置，待进一步考量。

然而，2013 年，联合国大会并未遵循以往的决议，而是仅向出席会议的会员国推荐《条款草案》，这一举措使《条款草案》的地位有所提高。2013 年，大会将这些条款"提请各国政府注意……作为制定双边或区域协定和妥善管理跨界含水层的指导"（着重强调）。由于语言往往是外交和国际关系中最关键的工具之一，因此这一看似细微的调整包含着重大意义。通过使用"指导"这一表述，联合国大会有效地表达了国际社会对《条款草案》日益增长的兴趣，并向其成员国表达了更高程度的认可。更重要的是，它对各国提出了更为坚定的建议，即考虑并尽可能遵守《条款草案》中的规范（Eckstein et al., 2014）。

尽管联合国大会在 2016 年的决议中重申了这一进展，但《条款草案》中阐述的条款和规范并不能代表跨界含水层国际法的现状。鉴于在管理和分配跨界含水层方面缺乏国家实践和经验，《条款草案》仅是编纂了拟议的概念和原则，而这些概念和原则尚未得到国际社会的充分审议。

尽管如此，作为一系列拟议的规范，《条款草案》在评估它所含 19 项规定中的各种法律术语和机制方面具有重要价值。此外，它们为制定当地具体的条约和安排，以管理、分配和保护跨界含水层及跨界地下水资源提供了指导。实际上，它们已在若干涉及跨界含水层的法律文献中产生了影响，包括 2010 年阿根廷、巴西、巴拉圭和乌拉圭签订的《瓜拉尼含水层协定》，2012 年被《保护与使用跨界水道和国际湖泊公约》缔约方第六次会议采纳的《跨界地下水示范条款》，以及 2014 年《关于建立伊莱梅登、陶代尼 / 塔奈兹鲁夫特含水层系统（ITAS）水资源综合管理磋商机制的谅解备忘录》。此外，包括哥斯达黎加最高法院在内的一些国家法院也参考了这些文献（Supreme Court of Justice of Costa Rica，2010）。

总体看来，联合国大会和国际社会对《条款草案》的认可度越来越高，表明人们对制定管理、分配和保护跨界含水层的原则和法规越来越感兴趣。此外，加之世界各国的经验，这种日益增长的兴趣为习惯国际法的逐步发展奠定了基础。

第 7 章
跨界含水层国际法演进发展的趋势

7.1 本章引言

随着全球淡水资源需求日益扩大，人均供水量却逐步缩减，为满足国内日益增长的社会、经济和环境方面的需求与目标，许多国家已开始将注意力聚焦于地下水供给。这些国家逐渐发现，许多地下水体是与邻国共享的，且带来了独特的跨界政治、法律、社会甚至是文化问题。这一现象在中东地区尤其显著，在那里，跨界含水层的使用和分配问题有时会是上覆国家之间产生摩擦的根源。

目前，尚无成熟且具体的国际法律规范来管理跨界地下水资源。然而，对跨界含水层越来越多的关注，促使人们就开发与管理这些地下宝藏的相应条例、体制机制展开讨论与调研。此外，随着世界各国扩大现有的地下水抽采量，并对跨界含水层开展新的抽水活动，人们开始探索和尝试各种适用于解决这些共享地下资源权利与义务相关问题的方法。虽然关于跨界含水层利用问题的国家实践与学术分析仍相对稀少，但该领域的一些趋势和优先事项已初见端倪（Eckstein，2017）。

本章回顾了世界范围内已实施或提出的关于跨界含水层评价、使用、分配和保护的主要机制，考察了大部分现有安排，并确定了可能影响适用于跨界含水层的被普遍接受的国际法律规范出台的趋势和优先事项。

7.2 现有的跨界含水层合作机制

正如第 4 章中所讨论的，国际法律文件中对跨界地下水资源的提及可以追溯到 150 多年前。然而，在 20 世纪 70 年代之前，所有这些提法都是次要的甚至是第三位的，而且很少涉及跨界含水层管理问题。直到 20 世纪晚期，跨界地下水资源才开始在条约制定和国际法领域得到特别的关注。如今，已有一小部分法律文件涉及跨界含水层的各方面问题。它们包括许多正式条约和非正式协定，以及两个全球范围的框架文件。

7.2.1 正式条约

《法国-瑞士日内瓦含水层保护、利用、补给和监测公约》（以下简称《日内瓦公约》）是最知名的，也是迄今为止唯一为管理和分配跨界含水层水资源而制定的公约。该公约起草于 1978 年，并于 2008 年修订，这一独特的安排主要通过成立一个联合的日内瓦含水层管理委员会来处理地下水水质、水量、抽采和补给问题。尽管该委员会仅有咨询地位，但它给出的建议和技术意见在含水层管理中具有相当重的分量。此外，修订后的制度重申了 1978 年原公约所规定的瑞士人工回补地下水义务、两国分配瑞方人工回补的费用同时对法国设置严格的抽水限制（见序言、2.3 节、第 8 章、第 11~14 条及《回灌设备和现有开采工程清单公约》的附件）。《日内瓦公约》是非常重要的，因为它在跨界含水层管理体系中平衡了国家主权和国家责任，这几乎完全建立在透明、互信与合作的原则之上。此外，作为一份协定、它的结构是独一无二的，因为它为管理共享含水层提出纯技术机制，并避免任何对含水层与地下水主权的直接提及，无论是在涉水国家的政治、法律方面，或是其他方面。

最新的跨界含水层安排是 2015 年制定的《约旦哈希姆王国政府和沙特阿拉伯王国政府关于管理和利用阿尔-萨格/阿尔-迪西地层地下水的协定》（以下简称《阿尔-萨格/阿尔-迪西协定》）。与《日内瓦公约》不同，《阿尔-萨格/阿尔-迪西协定》是为限制地下水抽采和保护地下水水质的目标而制定的。虽然该协定没有对抽水采取具体的数量限制，但它在两国间设置了完全禁止地下水抽采的"保护区"或缓冲区，以及一个仅限于市政用途抽水的更广泛的"管理区"。在类似的限制性条款中，该协定在管理区内几乎完全禁止了污染地下水。同样重要的是，《阿尔-萨格/阿尔-迪西协定》创建的联合技术委员会（JTC），如同日内瓦委员会一样，没有任何决策权。虽然联合技术委员会负责监测取水量和水质、收集并交换资料、分析所收集的数据，并向两国的主管当局提交调查结果，但目前仍不清楚它是否会像日内瓦委员会般享有强大的咨询地位。

阿根廷、巴西、巴拉圭和乌拉圭于2009年签订的《瓜拉尼含水层协定》（以下简称《瓜拉尼协定》）则采取一种更为综合的方法，为瓜拉尼含水层的合作提供了基本框架。虽然该协定参考了多个国际水道法中广泛接受的实质性原则，包括公平合理利用原则（第3条和第4条）和不造成重大损害原则（第3条、第6条和第7条），但它并未详细说明这些原则的定义和实施问题。例如，协定未指明评估某一用途是否合理和公平的相关因素。同样，《瓜拉尼协定》在提到各种程序性义务时，使用了模糊的术语和限定条件，其中包括信息共享义务（第8条、第9条和第12条），对可能造成跨界影响的已规划活动进行通知（第9条、第10条和第11条），以及成立委员会来监督合作（第15条）。例如，在规定信息分享的义务时，第8条要求缔约方必须"对考虑瓜拉尼含水层系统水资源可持续利用的研究、活动和工作充分开展技术资料交换"。虽然这些提法可能被视为造成模糊义务的原因，但也可以看作为合作提供了一个必要且灵活的合作框架（Sindico et al., 2015）。

《瓜拉尼协定》最有争议的方面是其认可各国对其下伏含水层部分拥有主权（第2条）。尽管有人坚称这种措辞回归了一直以来遭受批判的哈蒙主义，且在科学上和政治上是立不住的（McCaffrey, 2011），但另一些人则认为这种做法遵循了国家自然资源主权的国际概念，并且对于促进这一新兴议题的对话是有必要的（Villar et al., 2013）。尽管《瓜拉尼协定》对正在发展的跨界含水层国际法有影响，但它仍未生效*。截至2017年3月，虽然乌拉圭和阿根廷已经批准了这该协定，但巴拉圭和巴西却并没有这么做。

一份更引人注目的跨界含水层协定是2014年由阿尔及利亚、贝宁、布基纳法索、马里、毛里塔尼亚、尼日尔和尼日利亚签署的《关于建立伊莱梅登、陶代尼/塔奈兹鲁夫特含水层系统（ITAS）水资源综合管理磋商机制的谅解备忘录》（以下简称《ITAS谅解备忘录》）。尽管该文件仍未生效，但它是以正式条约的标准而构建的，并于2014年由各方正式采纳，目前正等待一些缔约方的最终签署和批准。

在其他责任中，磋商机制的作用是：开展联合研究，为协调涉水立法、制度与

---

* 《瓜拉尼协定》已在2020年11月26日生效。——译者

第 7 章 跨界含水层国际法演进发展的趋势

管理框架及程序和政策提出建议，并解决国家间的争端（第 5 条）。与日内瓦含水层管理委员会和《阿尔–萨格/阿尔–迪西协定》下的联合技术委员会仅具有咨询地位，或是《瓜拉尼协定》下委员会地位不明确不同，《ITAS 谅解备忘录》下的协商机制将具有法人资格，有权签订合同、获取和处置财产、寻求和获得贷款、赠款和技术援助，并作为一方参与法律程序（第 6 条）。此外，与《日内瓦公约》形成鲜明对比的是，《ITAS 谅解备忘录》直接依托于众所周知的国际水法和环境法原则，如公平合理利用原则、不造成重大损害原则、交换数据和信息原则、提前通知原则、保护环境原则、公众参与原则、预防原则及污染者与使用者支付原则（见第 13~14 条、第 18~20 条、第 22~24 条）。《瓜拉尼协定》只是参考了类似的国际原则，而《ITAS 谅解备忘录》则不同，它对如何解释和实施这些概念进行了详细阐述。最后，与《日内瓦公约》相似而与《瓜拉尼协定》不同的是，《ITAS 谅解备忘录》强调了国家主权和国家责任之间的平衡，并在表述中避免任何对主权的直接提及。

正像《瓜拉尼协定》一样，该谅解备忘录也尚未生效。截至 2017 年 3 月，仅有贝宁、马里和尼日尔正式签署了该协定。阿尔及利亚、布基纳法索、毛里塔尼亚和尼日尔仍在审查该文件并评估缔约可能性。

在讨论为管理跨界地下水资源而制定的正式机制时，我们还须考虑另外两项安排。第一项安排实际上涉及一系列针对北非努比亚砂岩含水层管理的协定。这一系列协定始于 1992 年《努比亚砂岩含水层水资源研究和开发联合管理局章程》（以下简称《努比亚章程》），该章程建立了一个合作机制，旨在收集和汇编关于含水层的信息，促进合作，并制定共同的水资源管理政策。继该文件之后，2000 年各国在《努比亚砂岩含水层系统利用区域战略开发计划》框架下达成了两项协定。根据第一项协定，即第 1 号协定《努比亚砂岩含水层系统地下水信息监测和交流的工作范围》（《努比亚砂岩含水层系统第 1 号协定》，简称《NSAS 第 1 号协定》*），四方同意通过互联网门户分享先前在努比亚含水层区域信息系统中汇编的数据，以及关于含水层发展方面的信息，如社会经济数据、环境问题、钻探经验、气象数据等。第二项协定，即第 2 号协定《监测和数据共享的职权范围》（《努比亚砂岩含水层系统第 2 号协定》，简称《NSAS 第 2 号协定》）要求各方同意通过特定的研究、测量和分析对含水层进行监测，并持续更新这些信息。

第二项值得注意的安排是于 2002 年实施的《建立西北撒哈拉含水层系统磋商

---

* NSAS 为努比亚砂岩含水层的缩写。——译者

机制》(《西北撒哈拉含水层系统协定》,简称《NWSAS协定》)。这项安排在北非创建了一个体系,旨在"协调、促进和推动西北撒哈拉含水层系统(NWSAS)水资源的理性管理"。作为其职责的一部分,该协商机制须做到:(a)建立水文地质数据库和模拟模型;(b)开发并监管(一个统一的)参考观测网络;(c)处理、分析并证实与西北撒哈拉含水层系统(NWSAS)相关的数据;(d)开发该地区与水资源利用相关的社会经济活动数据库;(e)开发并发布关于西北撒哈拉含水层系统(NWSAS)及其使用的相关指标;(f)推动联合调研和协同调研;(g)制订和实施培训计划;(h)定期更新西北撒哈拉含水层系统(NWSAS)模型;(i)为协商机制的继续发展制定议案。

7.2.2 非正式安排

正式协定(的制定和签署)并不是习惯国际法发展趋势和优先事项的唯一根据。以非正式安排为形式的国家行为也可以作为新兴国家实践的标志。

一个比较独特的非正式安排是1999年的《墨西哥奇瓦瓦州华雷斯市市政供水和卫生局与美国得克萨斯州埃尔帕索市埃尔帕索水务公共服务局之间的谅解备忘录》(以下简称《华雷兹-埃尔帕索谅解备忘录》)。这一机制的独特之处在于,它是由次国家政治实体(国内政治实体)在没有各自联邦政府监督的情况下签订的。《华雷兹-埃尔帕索谅解备忘录》虽然在法律上是非正式且不可强制执行的,但其目的是鼓励双方在休科博森含水层与格兰德河的管理和开发方面展开合作。它也旨在促进数据和信息的交流、协调联合项目、制订保障供水的兼容性计划,同时设立执行委员会以负责实现该谅解备忘录所述目标。鉴于《华雷兹-埃尔帕索谅解备忘录》的起源和视角具有地域局限性,因此它没有直接提及国际法原则或主权概念,也是可以理解的。

另一个值得一提的非正式安排是1996年由加拿大英属哥伦比亚省和美国华盛顿州签订的《关于提交水权申请的协议备忘录》(与4.4.3节中的《华盛顿-不列颠哥伦比亚协议备忘录》为同一文件,简称《BC-WA议定书》)。如同《华雷兹-埃尔帕索谅解备忘录》一样,《BC-WA议定书》也是次国家政治实体(国内政治实体)在没有各自联邦政府监督的情况下通过的。此外,《BC-WA议定书》也与《华雷兹-埃尔帕索谅解备忘录》有相似内容,它旨在鼓励双方就阿博茨福德-苏马斯这一跨界含水层及其他相关淡水资源进行合作。同时,该安排也是独特的,它提倡双方就领土内"可能对边界另一侧的水量产生重大影响"的水量分配开展事先磋商、设置评估期并进行信息交流。《BC-WA 议定书》适用于所有地表水、地下水和水库水，因此它促进了边界两侧公众参与共享水资源相关决策过程。

7.2.3　全球性的框架文件

在不断发展适用于跨界含水层的国际法方面，最具深刻影响的里程碑之一是联合国国际法委员会准备的、目前已提交至联合国大会的 19 个草拟条款（见第 6 章），以及 2012 年《保护与使用跨界水道和国际湖泊公约》第六次缔约方会议通过的《联合国欧洲经济委员会跨界地下水示范条款》（以下简称《UNECE 示范条款》）中的 9 个示范条款。由于《条款草案》已在第 6 章中详尽评述，因此本节将只讨论《UNECE 示范条款》。

起草《UNECE 示范条款》的初衷是为了指导《联合国欧洲经济委员会水公约》缔约国理解该公约与地下水资源之间的关联。虽然《UNECE 示范条款》被设计为非强制性条款，但其中的 9 个条款专门与《联合国欧洲经济委员会水公约》保持一致，同时也是为了利用以该文件为先导而建立的具有约束力的制度所精心设计的。因此，《UNECE 示范条款》并不一定体现出与跨界地下水相关的新原则。而是提供了指导方针，同时也推动人们对地下水体实施该公约（Tanzi et al., 2015）。

在修订《UNECE 示范条款》时，很明显，其作者从《条款草案》中得到了一些启示。与条款草案类似，《UNECE 示范条款》对公平合理利用和不造成重大损害的实质性义务给予了相当程度的重视（见条款 1）。它也支持定期交换数据和信息、监测、防止污染和预先通知已规划活动的程序性义务（见条款 3、5、6 和 8）。然而，《UNECE 示范条款》还扩展了《条款草案》中出现的概念。例如，《条款草案》仅是建议创建联合体制机制以履行各项目标与义务（见第 7 条和第 14 条），但《UNECE 示范条款》则明确要求建立此类机构（见条款 9）。此外，《UNECE 示范条款》还采取了一些前瞻性的措施，要求以可持续的方式使用跨界地下水（见条款 2），并规定应以一种综合的方式管理跨界地下水和地表水（见条款 4）。

7.3　跨界含水层国际法的地位

管理和分配跨界地下水资源的国际法仍处于初创阶段。目前还没有一个广为接受的全球法律文件或一系列习惯规范能够概括这一领域的国家行为准则。然而，国际社会对这一问题的兴趣日益浓厚，各国之间就共享地下水资源出台的正式协定和非正式安排也越来越多。总体而言，我们已能看出那些可能发展为国际法习惯规范的趋势和重点（Eckstein, 2017）。虽然与跨界含水层相关的国家实践仍相当有限，但对上述文件的述评仍暗示一些规范已经出现。

7.3.1 定期交换数据和信息

国际涉水合作中，国家间最显著、也最一致的行动可能是履行"定期交换跨界含水层数据和信息"的程序性义务。除了本研究中讨论的安排外，这项义务也出现在所有其他安排中，对全面管理和保护跨界含水层非常重要。若没有这种信息共享义务，含水层国将面临"空白地图"综合征，即国家边界一侧或另一侧的研究人员仅能对位于其境内的跨界含水层部分进行定性和描述（Sanchez et al., 2016）。因此，各国往往无法充分预判并设法减轻由特定跨界含水层的使用可能导致的负面跨界影响。

为了履行这一义务，无论是常理逻辑，还是新兴的国家实践，均表明：各含水层国应持续共享所有可用的关于跨界含水层的数据和信息。然而，现有的诸多协定并不都能明确指出具体哪些类型的资料是必须共享的。例如，《阿尔-萨格/阿尔-迪西协定》仅提到"收集和交换信息、报告、研究及其分析"，《UNECE示范条款》也仅提到"交换关于跨界地下水状况的信息和现有数据"。显然，应交换的资料类型需要涉及含水层的性质、用途和功能。基于这一逻辑，《条款草案》第8条规定，应该共享的数据和信息应包括"地质、水文地质、水文、气象和生态状况的数据和资料，与含水层或含水层系统的水文化学性质有关的资料，以及相关的预报"。

而《BC-WA议定书》则使用了更多针对含水层且更具描述性的语言，规定缔约方应"相互合作，共享水资源管理所需的水量信息"，并在不违反任何国内保密法的前提下，"承诺各方自由分享和交换关于"涉水执照和许可证的信息、新增申请和对现存证照的修改，以及关于区域水资源可用量与发展的研究成果。《华雷兹-埃尔帕索谅解备忘录》也同样使用了这种有针对性的表述，它要求：

a）共享历史的和当前的地下水抽水量、水源和水质数据；

b）共享技术支持和技术信息；

c）共享关于资金使用的知识和经验，包括拨款和（或）贷款，并确定获得资金的途径；

......

f）共享信息并分析与当地人口增长、经济情况有关的问题，以将跨界含水层相关事项融入区域规划进程，同时也聚焦双边长期需求（包括投资新兴水资源）。

7.3.2　监测并产生补充数据和信息

履行"定期交换数据和信息"的责任时，必然涉及"通过监测及相关活动不断产生补充数据和信息"的程序性义务。这项义务出现在本书所提及的绝大多数协定中，它指出涉水国家在管理跨界含水层时需要对数据和信息的动态变化时刻保持警觉，因此也是履行交换数据和信息义务过程中所不可或缺的。

例如，《日内瓦公约》的概念主要是建立在监测并进一步发展含水层相关信息之上的。例如，它在标题中明确提到了监测。此外，该协定的第 4 章提及"资源的定量和定性监测"，并要求定期评估水质和水量，也要交换这些新信息，而第 17 条要求缔约方"维持一个监测网络……以便在发生可能影响含水层水质的意外污染时发出警告"。此外，第 10 条规定"每个用户都应收集抽水数据，并于每年度末向所有用户报告"，而第 16 条提出水体污染分析"应定期进行"。

类似地，《NSAS 第 2 号协定》在其标题中运用"监测和数据分享"，并明确地聚焦于开发和交换新数据和信息：

因此，这四个国家在此商定……监测并分享以下信息：

（1）每个抽水点的年度取水量，具体说明每个抽水点的地理位置和新增井或泉的数量；

（2）每个抽水点每年进行一次有代表性的电导率测量，若观测到盐度急剧变化（原文如此），则进行全面的化学分析；

（3）每年在所附地图和图表中所示的地点进行两次水位测量。拟议的监测网络可根据有关国家的协调员的反馈进行修改。

《UNECE 示范条款》第 3 条使用了较为概括的语言，从"跨界地下水的水量和水质"方面讨论了监测问题。然而，该条款添加了一些关键的要求，即缔约方必须协调监测标准和方法，商定评估标准和定期监测的参数，并酌情将地下水和地表水的监测联系起来。

监测并持续生产附加数据的义务符合对跨界地表水沿岸国规定的类似义务。

在国际法院（ICJ）审理的"加布奇科沃-大毛罗什工程"（Gabčikovo-Nagymaros Project*）案中，克里斯托弗·韦拉曼特里法官在其个人意见中主张建立持续环境影响评估原则。克里斯托弗·韦拉曼特里法官认为："只要一个具有一定规模的项目仍在运作，（环境影响评估）就必须继续进行，因为每一个这样的项目都可能产生意想不到的后果；出于审慎的考虑，需要对其进行持续监测。"最近，在"乌拉圭河纸浆厂"案中，国际法院明确表示："一旦开始运营，在项目的整个生命周期内，如有必要，应持续监测其对环境的影响。"虽然两个案例均是在跨界水道的背景下应用这一反复出现的义务，但毋庸置疑，国际法院采用的逻辑同样可用于跨界地下水资源。

7.3.3 事先通知计划开展的活动

上述大多数法律文件中的另一项程序性义务是"计划活动的事先通知"义务。如果计划中的项目有可能对另一含水层国的领土或跨界含水层本身造成不利影响，行为国有义务将其计划通知其他含水层国。这种义务的目的是使可能被影响的国家可以评估这些活动可能带来的后果，并寻求行为国的理解和折中方案（Eckstein, 2007）。

虽然这一概念所要求的具体程序在各文献中有所不同，但事先通知的基本概念在国际水法中已被广泛接受。《条款草案》第15条要求含水层国提供"及时"的通知，"并应附上现有的技术数据和信息……使被通知国能够评估计划活动可能造成的影响"。《瓜拉尼协定》第11条间接强调了诚意协商，规定这样的附加义务：规划了可能产生跨界影响的活动的缔约国须把这些活动的实施推迟至少6个月，同时与可能受影响的国家磋商。此外，《UNECE 示范条款》的第8条规定，对于所有可能对跨界地下水资源产生重大影响的计划活动，必须进行环境影响评估，同时也要求将评估报告传达给所有可能受影响的国家。

与上述法律文件不同，《ITAS 谅解备忘录》提出了更为严格的通知要求和程序，这也与联合国《水道公约》中适用于国际水道的要求相类似。第27条规定了对"在该地区规划可能对跨界含水层水资源带来风险或导致不利跨界影响的活动、政策和战略、计划、方案和项目"的基本事先通知义务，第31条要求在通知时提供"技

---

* 亦可音译为"盖巴斯科夫-拉基玛洛工程"。——译者

术数据和信息，包括所有环境与社会影响评估的结果"，并要求通知国在 6 个月的审议过程中"不实施、也不允许这些已规划活动的施行"。第 32 条授权通知国在 6 个月内未收到其他国家回复的情况下继续开展已规划活动。第 33 条规定，参与已规划议案的磋商与谈判的国家必须"根据善意原则，顾及任何其他缔约国的合法权益"，就计划中的措施进行磋商和谈判的国家必须"按照善意的原则，考虑到任何其他签约国的合法利益"。第 34 条提出：可能受影响的国家可以要求已规划活动的国家遵守通知义务，并要求各方通过协商和谈判来解决对此类义务的分歧。最后，第 34 条允许：发生紧急状况时，可以在不通知的情况下采取计划措施。

7.3.4 创建体制机制以推动或实施安排

我们可以从各种安排中看出一个非常有趣的趋势，即敦促各国建立联合体制机制来执行各项管理制度。这一点尤其值得注意，因为地球上已发现的 276 个跨界河流和湖泊中，仅有不足 40%（105 个）采用了某种形式的水资源管理机构（Drieschova et al.，2014）。相比之下，在为数不多已经实施或提议的跨界含水层协定和安排中，除了一个例外，其他都已实施或提议了某种形式的联合体制机制。此外，《条款草案》第 7 条（一般合作义务）和第 14 条（管理），包括《UNECE 示范条款》的第 9 条中，都明确考虑到创建这种机制。尽管不同制度赋予这些实体的结构和权力水平各不相同，但很明显的是，大多数已达成跨界安排的含水层国都认识到具体机构和其他合作机制的价值及必要性，以促进并实现对其共享地下水资源合理且可持续的管理。此外，《条款草案》和《UNECE 示范条款》均支持建立联合体制机制，以落实各自含水层具体安排的目标和原则。

例如，《条款草案》《瓜拉尼协定》《阿尔-萨格/阿尔-迪西协定》和《华雷斯-埃尔帕索谅解备忘录》都要求建立体制机制来实现各自协议的目标。《UNECE 示范条款》（第 9 条）和《瓜拉尼协定》（第 15 条）对这一义务进行了最简单的阐述，且没有对这种实体机构的结构和运作提供额外指导。然而，《瓜拉尼协定》第 15 条的确规定这种机制将依照 1969 年《普拉塔流域条约》第Ⅵ条建立，同时也在第 17 条中明确要求该机制的任务是通过评估实际情况并制定建议来协助解决争端。《阿尔-萨格/阿尔-迪西协定》第 3 条提供了更多细节和说明，体制机制由两成员国水资源管理部门的代表组成，其任务包括：对地下水水位、水质和抽采的"监督和观察""收集和交流与含水层有关的信息、声明、研究及其分析"，以及向两国政府提交这些信息和分析。同样,《华雷斯-埃尔帕索谅解备忘录》的第2段规定其执行委员会执行数据分享和项目协调义务,同时也负责促进一些当地的具体活动,包括在谅解备忘录实施前开展可行性研究。

与之类似,《日内瓦公约》设立了一个委员会来执行该条约。然而,日内瓦含水层管理委员会有着较上述协定更广泛的权利。例如,如第2条中所述,该委员会的任务包括提出年度含水层利用计划、对建设新的地下水开采作业和改造现有设备提供技术意见,并对与补给装置有关的投资和运营成本进行审计。它还负责监管水厂和设备建设(第5条)、记录取水(情况)(第6条)、收集水位和水质数据(第10条)并制定水质分析标准(第16条)。

以上5个协定中,创建联合机构是其中重要的、但不是首要的任务。与之不同,《NWSAS协定》《ITAS谅解备忘录》和《努比亚章程》,从其名称和目的来看,就是专门为建立一个联合合作机制而拟定并实施的。例如,《NWSAS协定》(第1段)创建了一个"磋商机制"以"协调、促进和推动NWSAS水资源的合理管理",而《ITAS谅解备忘录》(第3条)创建了一个名称相同的机制"以促进和推动缔约国之间的合作……在团结和互惠的基础上,可持续、公平、协调、合作地利用ITAS水资源"。虽然《努比亚章程》没有包含目的声明,但该协议第3条中概述的"任务"代表了这3个协议中每个协议分配给机制的职能和责任:收集和开发与共享含水层有关的所有数据和信息;促进和推动更多研究;制定含水层可持续管理的建议;开展与推动适当的培训方案和其他信息传播机制。

7.3.5　实质性义务

虽然上述义务可以说是程序性的,但这里讨论的各种安排也努力建立一些实质性责任。其中最多的是《ITAS谅解备忘录》,该谅解备忘录要求缔约国承诺遵守以下原则:公平合理利用、非损害性利用、可持续发展、生态系统保护、预防措施和污染者补偿。

然而,如果我们进一步回顾这些协定,就会发现,国家实践中尚不能总结出跨界实质性规范的明确趋势(Eckstein,2017)。《瓜拉尼协定》第6条和第7条、《ITAS谅解备忘录》第20条、《条款草案》第6条和《UNECE示范条款》第1条中,对不利的跨界作用、影响和损害都有不同的提法。所有这些条款都规定了尽职调查以预防、控制和减少此类影响的义务。这4个协定同样也都参考了国际水法的基本原则：公平合理利用（《瓜拉尼条约》第 4 条、《ITAS 谅解备忘录》第 13 条、《条款草案》第 4 条和《UNECE 示范条款》第 1 条）。然而，只有《ITAS 谅解备忘录》和《条款草案》提供了在评估哪种利用可被视为公平合理时应考虑的因素。

除了这为数不多的相似之处外，本研究回顾的诸多法律文件和机制中没有一致出现其他的原则，这表明没有其他规范或义务趋向形成习惯法地位。尽管如此，随着各国在跨界含水层方面的实践不断演进，新的协议不断形成，这一结论应被定期重新评估。

7.4 本章小结

如今，跨界地下水资源在为全球居民生活、工业生产、国家运行和生态环境提供淡水方面发挥着关键作用。对数十亿人来说，它们是堡垒，帮助人们应对淡水需求不断增长和由于超采及气候变化导致的供给下降所带来的挑战。因此，现在跨界含水层受到上覆国家、非政府组织和联合国实体越来越多的关注。此外，世界上许多国家也开始采取各种策略来开发和管理这些含水层。

尽管这些含水层受到的关注与河流和湖泊相比还相对较少，但可以合理预期，各国将继续探索其跨界含水层。这些资源的价值是毋庸置疑的，而日益严重的水资源短缺也正驱使着许多国家去研究所有可能解决问题的新途径。因此，我们期待，未来有更多国家会与邻国共同致力于跨界含水层的合作与协调。此外，随着跨界含水层合作的增加，正式和非正式安排数量的增加，跨界含水层国际法的趋势和优先事项将变得更加明显，也将促使跨界地下水资源管理的习惯规范进一步发展。

第 8 章
跨界含水层法的缺漏

8.1 本章引言

虽然地表水和地下水都是水文循环的组成部分，且存在许多相似之处，但地下水和含水层具有许多独特的性质，我们在考虑管理和监管策略时必须对这些特点加以强调并仔细考虑。例如，与河流中的水流相比，在地层中流动的地下水流速较慢，这种流速差异可能会影响含水层的天然过滤能力，从而削弱其自净和净化污染物的能力。同样，某些含水层由于过度抽采而容易发生沉降，其自身功能进而受到永久性的破坏。这些特性，尤其是那些地表水资源所没有的特性，要求我们在制定管理、分配和保护跨越政治边界的地下水资源与含水层的策略及机制时，需要进行更加细致和谨慎的考量。本章接下来将重点强调其中一些地下水与含水层的独特性质，并考虑它们在跨界管理与法规方面可能产生的影响。

8.2 无补给含水层

正如第 2 章所讨论的，无补给含水层是指那些在当代补给量微乎其微或完全无补给的含水层。这类含水层与水文循环相脱离，其中发现的任何水都是不可再生的。根据定义，这种含水层无法持续利用，至少不能永久使用，因为任何取水行为最终都会耗尽资源。

如第 5 章所述，无补给含水层不在《水道公约》的适用范围内，因为作为孤立的含水层，它们无法满足"系统""物理关系"或"统一整体"的标准。它们也是被联合国国际法委员会明确排除在《水道公约》范围之外的含水层类型，即与任何地表水体没有水力联系的含水层。

8.2.1 国家实践

迄今为止，已有3个古含水层受到国际协议的管辖：乍得、埃及、利比亚和苏丹的努比亚砂岩含水层（根据1992年的《努比亚章程》和2000年的《NSAS第1号协定》《NSAS第2号协定》）；阿尔及利亚、利比亚和突尼斯的西北撒哈拉含水层系统（根据2002年的《NWSAS协定》）；约旦与沙特阿拉伯的阿尔-萨格/阿尔-迪西含水层（2015年《阿尔-萨格/阿尔-迪西协定》）。前两个协定实际上是数据共享与合作监测安排，即缔约国同意生产并交换关于共享含水层的信息。然而，它们并不强制执行任何抽水限制或水质维护措施。相比之下，后一个协定是为限制地下水抽采和保障含水层地下水水质而编纂的，但同时也建立了一个有限的信息生成和交换机制。值得注意的是，这3个协定的共同特点是建立了一个联合体制机制，以促进或实施各自的安排。虽然两个北非含水层协定是为了创建联合机构这一特定目标而实施的，但《阿尔-萨格/阿尔-迪西协定》中的这种机制却是一个重要但稍显次要的部分，该协定关注的重点还是抽水和水质。

作为国家实践的例子，这些案例展示了关于各国参与跨界古含水层管理的独特而极具吸引力的洞察。这在该地区尤其有意义，因为这些含水层所在的地区非常干旱，而且预计会因气候变化而导致降水进一步减少。然而，尽管这些例子的确具有指导意义，但其本身并不能代表无补给跨界含水层在国际法中的地位（Eckstein，2017）。

8.2.2 石油和天然气的经验

由于其独特的性质，不可再生地下水经常被比作其他不可再生、可耗尽的自然资源，如石油和天然气藏。石油和天然气与不可再生的地下水一样，是静态的、流动的自然资源，一旦开采就会永久性枯竭。支持这种类比的人认为，鉴于这些相似之处，将适用于石油和天然气藏的权利、分配和使用制度用于不可再生的地下水可能更为合适。①

跨界石油和天然气资源开发通常是在合作、商业活动的背景下进行的。在某些情况下，共享这些资源的国家会就联合管理或所有权达成一致；而在其他情况下，则是采取某种形式的单位化，在此基础上，指定某一特定单位经营者代表各方开采整个资源。成本和收益通常按照协议签订时每个国家所占资源比例进行平等分配，或基于其他已商定的安排（Jarvis，2014）。在勘探和开采跨界石油和天然气藏方面，这种协同合作已被广泛接受，并可能已经成为国际法的习惯规范。

鉴于不可再生地下水与石油和天然气藏在物理上具有一定的相似性，将石油和天然气的法律制度应用于不可再生地下水资源是很容易被联想到的。在某些方面，可以说，这种方法与《水道公约》所规定的方法类似，因为石油和天然气法规定了协商、事先通知和交换数据。此外，涉及跨界石油和天然气藏的相邻国家会在其开发问题上达成协议，这通常基于多种相互竞争的国家利益及其他考量因素，这些因素与公平合理利用原则下的考虑因素类似。

尽管存在明显的相似性，但也有重要的差异，这些差异可能使石油和天然气的处理方式不适用于地下水资源。液态碳氢化合物和水的主要区别在于，水之于生命不可或缺且无可替代，而石油和天然气则无法相提并论。此外，与所有其他采掘性自然资源不同，现在，淡水经常被认为是一种基本人权*，不应完全受制于以营利为目标的运营（General Comment No. 15，2002；Salman et al.，2004）。在一般的市场交易中，只有买卖双方对所交易的商品或产品有合法利益。然而，在特定水资源的市场交易中，对该资源的使用具有合法权益的潜在需水者数量可能远远超过实际持有法定水权的人数。这是因为，一些非经济因素——包括文化、传统、宗教、环境、审美、伦理及其他利益——往往被赋予一定的有效性。

特别是，尽管水权（human right to water）并不一定意味着要排除对无补给含水层进行商业开发的可能性，但这项权利可能会对国家允许以营利为目的开发含水层的程度施加相当大的限制。即使是最贫困和最弱势的群体也必须能够获得一定量的干净水。因此，如果承认了水权，开发无补给含水层的国家就有义务确保其所有公民都能享有这一权利。那么在这些国家，对无补给含水层的勘探和开发将更多立

---

① 有关将石油和天然气法律应用于沉积水和原生水的简要见解，请参见 Caponera（1992）、Price（1996）、Krishna 和 Salman（1999）及 Jarvis（2014）的著作。值得注意的是，主张将石油和天然气的制度应用于无补给含水层的支持者通常不会提出适用于固体天然资源，如煤炭、铜和铀的规范。

* 这里的意思是：获得淡水已被认为是一项基本人权，即水权。——译者

足于国家满足其公民用水需求的义务，而不仅由供求关系驱动。

此外，由于无补给地层内缺乏补给和流动性，对这种含水层的管理和保护标准可能需要比其他自然资源更为严格。由于缺乏补给且其内水处于停滞状态，这类地层的自然清洁能力不足以稀释或消除污染物。因此，无补给含水层特别容易受到污染，至少在污染物附近是这样的。它们也极难（如果不是不可能的话）进行清洁，这使得污染可能成为一种长期甚至是永久的状况。此外，如果抽水操作不当，抽水行为所导致的水流可能会将污染物从含水层的一个部分转移到另一个部分，从而使污染更加严重。因此，适用于石油和天然气资源的标准可能不足以也不适合保护这种脆弱的水资源。

8.2.3 小结

目前，无补给含水层和不可再生地下水资源在国际法中的地位尚未明确。这些含水层被明确排除在《水道公约》所阐述的原则之外。此外，各国就跨界古含水层进行交涉的少数实例虽提供了对各种可能性的有益见解，但这并不能代表无补给跨界含水层或其中所含不可再生地下水的国际法现状。

值得关注的是，在过去的20年中，3个跨界古含水层——西北撒哈拉含水层系统、努比亚砂岩含水层和阿尔-萨格/阿尔-迪西含水层——的上覆国家已经实施了以数据生产和体系建设为重点的初步机制。随着各国继续在边境地带勘探地下水，这种做法可能会逐渐演变成一种趋势。

8.3 损害的阈值

正如本书各章节所讨论的，地下水通常以远慢于河流的速率在含水层中流动。此外，许多含水层在水渗流经地层时具有自然滤除污染物的强大能力。然而，含水层的自净能力是有限的。当含水层被大量的农业、工业、城市或其他废弃物污染时，其过滤能力可能会变得不堪重负。由此看来，地下水缓慢的流速实际上可能会削弱含水层的自然净化功能，导致长期（几年、几十年、有时甚至是几个世纪）的含水层污染。此外，由于大多数含水层的地理范围广，以及监测和机械过滤地下地层所带来的挑战，对受污染的含水层进行人工修复会极其复杂且昂贵。

鉴于此类污染已很不幸地在全球范围内变得相当普遍，许多学者和地下水专家质疑，与跨界地表水体相比，跨界含水层的可诉损害阈值是否应该更低。至少，有些人提出，即便阈值可以保持不变，但也应扩大可提起诉讼的行为或情景类型的范围。

例如，距离某跨界河流500 m处发生的地表泄漏事故，可能由于地形、地貌因素，以及人们在技术和经济上有能力阻止实质性损害的发生，而不会上升到重大的程度。简单来说，发生在地表的泄漏很容易观测和评估，而且我们可能更容易采取措施防止它污染河流。相比之下，发生在跨界含水层补给区的泄漏，即便同样距离含水层饱和带500 m或更远，可能更具威胁性，因为在阻止污染物运移和清除污染方面存在挑战。此外，由于造污染物泄漏和受威胁的水体都位于地表以下，因此我们可能需要进行更全面的评估并投入更多的科学、技术和财力资源。这些因素是否应纳入判定重大损害发生时间的计量，还有待考虑（Eckstein，2017）。

8.4 含水层的功能

正如本书中其他部分所讨论的，含水层的"功能"指的是某地质构造如何运行或表现为一个含水层。含水层可以发挥储存和运输水、稀释并移除污染物、提供栖息地甚至传导地热的功能。然而，这些功能的实现取决于含水层的自然条件及其特有性质，如地层组成、静水压力、导水率（水力传导性）、自然补给与排泄过程，以及矿物学、生物学和化学属性。但这些条件通常是相互依存的，也就是说，其中每一个特征，包括含水层的特定功能，都可能依赖其他特征和功能的持续存在（Heath，2004）。

尽管这一概念已包含在《条款草案》的第4条中，但该条款并未对此概念进行定义或解释，这一概念也没有直接出现在任何其他跨界含水层安排中。而且，从监管或管理的角度来看，关于含水层功能的文献很少。此外，尽管一直有人致力于鼓励水资源管理者和专业人员参与联合管理，以及地下水资源与地表水资源的综合管理，但至少在监管方面，特别是在跨界背景下，很少有人以统筹含水层所有功能的方式来管理和控制地下水资源（Eckstein，2017）。

因此，有关人员需做出更大的努力，逐一确定每个跨界含水层的各种功能。此外，这项工作还应包括对这些功能的脆弱性和优先级进行评估，以确定哪些功能对含水层的整体功能至关重要，哪些功能对含水层国尤为关键，以及应采取哪些策略以确保这些功能的完整性和可持续性。显然，如果所有含水国能够协同合作、共同进行这些调查，这将是最有效且最高效的方法。

8.5 补给区和排泄区

所有有补给含水层的补给区和排泄区都是其实现含水层功能所不可或缺的组成部分。它们自然地调节各个地层内的水流平衡，从而维持每个含水层的完整性、独特功能和整体运行。因此，保护这些区域及有补给含水层的天然补给与排泄过程，是任何含水层管理与保护策略的关键环节。对含水层持续的自然补给与排泄过程的任何改变，都可能对含水层及其各种功能造成严重的和破坏性的后果。

在第 7 章讨论的国际协定和安排中，只有《条款草案》和《UNECE 跨界地下水示范条款》为含水层的补给区和排泄区提供了一定程度的保护。正如第 7 章中指出的，《条款草案》第 11 条规定，含水层国有义务查明其跨界含水层的补给区和排泄区，然后"采取适当措施，防止和尽量减少"对这些区域补给和排泄过程的任何负面影响。《UNECE 示范条款》第 5 条专注于预防污染，明确强调需要建立保护区，"特别是在地下水补给区最脆弱/关键的部分"，并规范土地使用。此外，在关于跨界含水层的识别、划定和定性的条款 3 的注释中，《UNECE 示范条款》的起草者解释说，为了履行这些义务，各方必须确定含水层的特征，包括其"空间范围、补给和排放区及地下水的主要流动方向"，作为合作的先决条件。

为充分保护补给区，各国必须采取措施以保障流经补给区并进入含水层的水量与水质。保护性措施可包括限制补给区的农业、工业和市政活动，因为这些活动可能会污染补给区，从而污染含水层。同时也可以包括对可能破坏补给区基质的行为加以限制，如采矿和挖掘作业。同样，保护含水层排泄区的措施包括限制任何可能妨碍地下水排泄过程、含水层内水流、影响地下水位或含水层任何自然功能的建设、采矿和其他活动。

8.6 统一元数据

元数据可以描述为表征数据的信息，用于为数据产品提供说明。实质上，元数据阐明了数据资料的每一部分是何人、何事、何时、何地、为何、如何记录的（USGS, 2016）。这类信息对评估调查研究和信息至关重要，可以帮助确定这些调查研究和信息的兼容性与可用性。例如，在一项研究中，潜水面的深度是通过水井A、B、C、D、E的测量值确定的，而在另一项研究中，同一潜水面深度可能是通过水井1、2、3、4、5的测量值估计的。如果这两项研究得出不同的结果，那么元数据将对于理解其中的差异至关重要。同样，测量所使用的方法，以及技术和设备的校准，也可能是评估各种结果差异的关键，决定着这些结果最终是否可以作为后续研究或决策的基础。其他重要的元数据标准可能包括：进行研究的专业人员的教育背景、培训、经验和个人偏好；用于进行各种计算的软件和电子程序；进行实地测量的地理位置和周围的物理特征；在化学、物理和其他含水层相关分析中重点关注的某些特征。

如果共享跨界含水层的各国使用不同的方法、工艺、程序、假设条件及技术，那么他们各自研究产生的数据和信息可能不兼容，无法正确评估含水层的各种状况。在最糟糕的情况下，所产生的信息可能对建立含水层的基础特征以进行持续监测和后续评估毫无用处。

因此，共享含水层的各国必须相互接洽，就这些问题展开合作。特别是，他们必须确保所产出数据和信息的类型、数量和质量，以及收集与处理的程序，均能够满足各方利用需求。否则，各国将会受制于个别研究人员或其监管人员的奇思妙想和他们所认为的优先事项。各国可以通过各种行动来实现这一目标，包括参与联合研究，雇用相同的数据收集者和处理者，建立收集数据的标准和程序，以及协调研究方法和其他研究标准。

8.7 本章小结

在管理、分配和保护跨界含水层方面，国家实践并不多，因而我们在面对跨界含水层的各种独特特征和功能方面缺乏经验。基于这些情况，不难想象，我们在如何妥善且可持续地管理这些关键资源方面仍面临许多困难。

这短短一章中所提出的关注和问题并不能反映跨界含水层的所有特性、不断发展的监管制度中的各种空白，以及仍缺乏知识与经验的领域。相反，本章内容旨在激发人们的讨论和思考：各国应如何勘查和管理边境地带的地下水资源，以及如何与邻国合作制定战略，以确保这些资源在未来的可持续性。

参考文献

Alker, Marianne. (n.d.) The Lake Chad Basin Aquifer System: A case study for the research project "Transboundary Groundwater Management in Africa," German Development Institute, available at http://isndemo.atlasproject.eu/asset_demo/file/3f11e5e7-f2e8-46b6-8a91-8eb292d9270b/d3b1d8a9-ecb6- 4063-8b13-c4177bf822c0/5.pdf.

Almássy, E. and Busás, Zs. (1999) UN/ECE Task Force on Monitoring and Assessment, Guidelines on Transboundary Ground Water Monitoring, Volume 1: Inventory of Transboundary Ground Waters at 21, UN Sales No. 9036952743.

Appelgren, B. and Puri, S. (2004) "Addressing 'Time Bomb' Conditions," unpublished paper prepared for the UNESCO Experts Group meeting, Tokyo, Japan, Nov. 28–Dec. 1, 2004 (on file with author).

Arias, Hector M. (2000) "International Groundwaters: The Upper San Pedro River Basin Case," Natural Resources Journal, Vol. 40, pp. 199–221.

Bogdanovic, S. et al. (2004) Dissenting Opinion, Fourth Report of the Water Resources Committee, presented to the International Law Association at the Berlin Conference (August 9, 2004), available at http://internationalwater law.org/documents/intldocs/ila_berlin_rules_dissent.html.

Bouwer, Herman (1978) Groundwater Hydrology, New York: McGraw-Hill.

Braune, Eberhard, et al. (2003) Swiss Agency for Development and Cooperation, UNESCO International Hydrological Programme, Preliminary Evaluation of Kalahari-Karoo Aquifer Conditions: Groundwater Resources Governance in Transboundary Aquifers, available at http://groundwatercop.iwlearn.net/gefgwportfolio/ggreta/gefgwportfolio/ ggreta/1_PreliminaryAquifer Assessment26march13.pdf.

Burchi, S. and Mechlem, K. (2005) Groundwater in International Law: Compilation of Treaties and Other Legal Instruments, United Nations Food and Agriculture Organization Legislative Study

No. 86.

Caponera, Dante A. (1992) Principles of Water Law and Administration: National and International, Rotterdam: A.A. Balkema.

Caponera, Dante A. (1954) UN Food and Agriculture Organization, Water Laws in Moslem Countries, FAO Development Paper No. 43.

Caponera, Dante A. and Alhéritière, Dominique (1978) "Principles for International Groundwater Law," Natural Resources Journal, Vol. 18, pp. 589–619.

Drieschova, A. and Eckstein, G. (2014) "Cooperative Transboundary Mechanism," in Roberts, J. and Sánchez, J.C. (eds) Transboundary Water Governance: Adaptation to Climate Change, International Union for the Conservation of Nature, pp. 51–79.

Ebraheem, A.M. et al. (2002) "Simulation of Impact of Present and Future Groundwater Extraction from the Non-replenished Nubian Sandstone Aquifer in Southwest Egypt," Environmental Geology, Vol. 43, pp. 188–196.

Eckstein, Gabriel (2017) "International Law and Transboundary Aquifers," in Rieu-Clarke, A., Allan, A. and Hendry, S. (eds) Routledge Handbook of Water Law and Policy, Abingdon, UK and New York: Routledge.

Eckstein, Gabriel (2013) "Rethinking Transboundary Ground Water Resources Management: A Local Approach along the Mexico–US Border," Georgetown International Environmental Law Review, Vol. 25(1), pp. 95–128.

Eckstein, Gabriel (2007) "Commentary on the UN International Law Commission's Draft Articles on the Law of Transboundary Aquifers," Colorado Journal International Environmental Law & Policy, Vol. 18, pp. 537–610.

Eckstein, Gabriel (2005) "A Hydrogeological Perspective of the Status of Groundwater Resources Under the UN Watercourse Convention," Columbia Journal of Environmental Law, Vol. 30, pp. 525–564.

Eckstein, G. and Eckstein, Y. (2003a) "A Hydrogeological Approach to Transboundary Groundwater Resources and International Law," American University International Law Review, Vol. 19, pp. 201–258.

Eckstein, G. and Eckstein, Y. (2003b) "Ground Water Resources and International Law in the Middle East Peace Process," Water International, Vol. 28, pp. 154–161.

Eckstein, G. and Hardberger, A. (2008) "State Practice in the Management and Allocation of Transboundary Groundwater Resources in North America," Yearbook of International Environmental Law, Vol. 13, pp. 96–125.

Eckstein, G. and Sindico, F. (2014) "The Law of Transboundary Aquifers: Many Ways of Going Forward, But Only One Way of Standing Still," Review of European, Comparative &

International Environmental Law, Vol. 23(1), pp. 32–42.

European Commission (2007) Common Implementation Strategy for the Water Framework Directive, Guidance Document No. 16: Guidance on Groundwater in Drinking Water Protected Areas.

Fan, Y., Li, H. and Miguez-Macho, G. (2013) "Global Patterns of Groundwater Table Depth," Science, Vol. 339, pp. 940–943.

Far West Texas Water Planning Group. (2011) Far West Texas Water Plan, Texas Water Development Board, available at www.twdb.texas.gov/waterplanning/rwp/plans/2011/E/Region_E_2011_RWP(without_errata_revsions).pdf.

Fetter, Charles W. (1994) Applied Hydrogeology, 3rd ed., New York: Macmillan.

General Comment No. 15 (2002) The Right to Water, Substantive Issues Arising in the Implementation of the International Covenant on Economic, Social and Cultural Rights, UN Committee on Economic, Social and Cultural Rights of the Economic and Social Council, E/C.12/2000/11, ¶ 1, November 26.

Gleeson, Tom et al. (2016) "The Global Volume and Distribution of Modern Groundwater," Nature Geoscience, Vol. 9, pp. 161–167.

Harmon, J. (1895) Official Opinions of the Attorneys-General of the United States, Vol. 21, p. 281.

Hawley, John W. et al. (2000) "Trans-international Boundary Aquifers in Southwestern New Mexico," New Mexico Water Resources Research Institute," available at www.wrri.nmsu.edu/publish/otherrpt/swnm/pdf/downl.html.

Hayton, Robert D. (1982) "The Groundwater Legal Regime as Instrument of Policy Objectives and Management Requirements," Natural Resources Journal, Vol. 22, pp. 119–137.

Hayton, R. and Utton, A. E. (1989) "Transboundary Ground Waters: The Bellagio Draft Treaty," Natural Resources Journal, Vol. 29, pp. 663–722.

Heath, Ralph C. (2004) "Basic Ground-Water Hydrology," USGS Water- Supply Paper 2220, 10th ed., available at http://water.usgs.gov/pubs/wsp/ wsp2220/.

Hebard, Elaine Moore (2000) "A Focus on a Binational Watershed with a View Toward Fostering a Cross-Border Dialogue," Natural Resources Journal, Vol. 40, pp. 281–340.

Hibbs, Barry J. et al. (1998) "Hydrogeological Regimes of Arid-zone Aquifers Beneath Low-level Radioactive Waste and Other Waste Repositories in Trans-Pecos, Texas and Northern Chihuahua, Mexico," in Brahana, J. V. et al. (eds) Gambling with Groundwater—Physical, Chemical, Biological Aspects of Aquifer-Stream Relations, St Paul, MN: American Institute of Hydrology.

Hirsch, A. (1957) International Rivers in the Middle East: A Hydropolitical Study and a Legal Analysis. PhD Thesis, Columbia University, available at https://oregondigital.org/sets/middle-east-water/oregondigital:df70pt62f#page/1/mode/1up.

Illangasekare, T. et al. (2006) "Impacts of the 2004 Tsunami on Groundwater Resources in Sri Lanka," Water Resources Research, Vol. 42(5).

International Association of Hydrogeologists Newsletter (2008) Issue D30, December.

International Boundary and Water Commission (1998) Transboundary Aquifers and Binational Ground-water Data Base, City of El Paso/Ciudad Juárez Area, available at www.ibwc.state.gov/water_data/binational_waters.htm.

International Groundwater Resources Assessment Centre (2015) Transboundary Aquifers of the World—Special Edition for the 7th World Water Forum 2015, available at www.un-igrac.org/download/file/fid/179.

International Law Association (2004) "Berlin Rules on Water Resources," in Report of the Seventy-First Meeting of the International Law Association.

International Law Association (1987) "The Seoul Rules on International Groundwaters," in Report of the Sixty Second Conference, Seoul 1986.

International Law Association (1966) "Helsinki Rules on the Uses of the Waters of International Rivers and Comments," in Report of the Fifty-Second Conference.

International Law Association (1958) Report of the Forty-Eighth Conference. Reprinted in Majorie M. Whiteman. (1964) "Department of State," Digest of International Law, Vol. 3.

Jarvis, W. Todd (2014) Contesting Hidden Waters: Conflict Resolution for Groundwater and Aquifers, London and New York: Routledge.

Krishna, Raj and Salman, Salman M. A. (1999) "International Groundwater Law and the World Bank Policy for Projects on Transboundary Groundwater," in Salman, Salman M. A. (ed.) Groundwater: Legal and Policy Perspectives, Proceedings of a World Bank Seminar, Washington, DC: The World Bank.

Levesque, Suzanne and Ingram, Helen (2003) "Lessons in Transboundary Resource Management from Ambos Nogales," in Fernandez, Linda and Carson, Richard L. (eds) Both Sides of the Border: Transboundary Environmental Management Issues Facing Mexico and the United States (The Economics of Non-Market Goods and Resources, Vol. 2, Bateman, Ian J., series ed.), pp. 161–182. New York: Kluwer.

Llamas, M. R. and Martinez-Santos, P. (2005) "Intensive Groundwater Use: Silent Revolution and Potential Source of Social Conflict," Journal of Water Resources Planning and Management, Vol. 131, pp. 337–341.

Margat, J. and van der Gun, J. (2013) Groundwater Around the World: A Geographic Synopsis, Leiden, The Netherlands: CRC Press/Balkema.

McCaffrey, Stephen C. (2011) "The International Law Commission's Flawed Draft Articles on the Law of Transboundary Aquifers: The Way Forward," Water International, Vol. 36(5), pp. 566–

572.

McCaffrey, Stephen (1999) "International Groundwater Law: Evolution and Context," in Salman, Salman M. A. (ed.) Groundwater: Legal and Policy Perspectives, Proceedings of a World Bank Seminar, Washington, DC: The World Bank.

Mijatovic, B.F. (1998) "Prevention of Over-exploitation of Deep Aquifers in Vojvodina, Northern Yugoslavia," in Brahana, J. V. et al. (eds) Gambling with Groundwater—Physical, Chemical, Biological Aspects pf Aquifer-Stream Relations, St Paul, MN: American Institute of Hydrology.

Moench, M. (2004) "Groundwater: The Challenge of Monitoring and Management," in Gleick, Peter H. (ed.) The World's Water 2004–2005, Washington, DC: Island Press, pp. 79–98.

Morris, B. L. et al. (2003) Groundwater and Its Susceptibility to Degradation: A Global Assessment of the Problem and Options for Management, Early Warning and Assessment Report Series, RS. 03–3. United Nations Environment Programme, Nairobi, Kenya.

Mumme, Stephen P. (1998) Apportioning Groundwater Beneath the US–Mexico Border: Obstacles and Alternatives, San Diego, CA: University of California Center for US–Mexican Studies.

Nace, R. L. (1973) "Nace Urges National Use of Groundwater," Groundwater, Vol. 11(1), pp. 48–49.

National Groundwater Association (2016) Groundwater Use in the United States of America, available at www.ngwa.org/Fundamentals/Documents/usa-groundwater-use-fact-sheet.pdf.

Osmanoğ lu, Batuhan et al. (2011) "Mexico City Subsidence Observed with Persistent Scatterer InSAR," International Journal of Applied Earth Observation and Geoinformation, Vol. 13(1), pp. 1–12.

Post, Vincent E. A. et al. (2013) "Offshore Fresh Groundwater Reserves as a Global Phenomenon," Nature, Vol. 504, pp. 71–78.

Price, Michael (1996) Introducing Groundwater, 2nd ed., London: Chapman & Hall.

Puri, Shammy et al. (2005) "Lessons from Intensely Used Transboundary River Basin Agreements for Transboundary Aquifers," in Sahuquillo, Andrés et al. (eds) Groundwater Intensive Use: IAH Selected Papers on Hydrogeology, London: Taylor & Francis.

Puri, Shammy et al. (2001) Internationally Shared (Transboundary) Aquifer Resources Management: Their Significance and Sustainable Management, A Framework Document, UNESCO Non-Serial Doc SC-2001/WS/40, available at http://unesdoc.unesco.org/images/0012/001243/124386e.pdf.

Quinlan, James (1990) "Special Problems of Ground-water Monitoring in Karst Terranes," in Nielsen, David and Johnson, Ivan (eds) Groundwater and Vadose Zone Monitoring, Philadelphia, PA: American Society for Testing Materials.

Salman, S. M. A. and McInerney-Lankford, S. (2004) The Human Right to Water: Legal and Policy Dimensions, Law, Justice, and Development Series, Washington, DC: The World Bank.

Sanchez, R., Lopez, V. and Eckstein, G. (2016) "Identifying and Characterizing Transboundary

Aquifers Along the Mexico-US Border: An Initial Assessment," Journal of Hydrology, Vol. 535, pp. 101–119.

Schwebel, Stephen M. (1980) Second Report on the Law of the Non-navigational Uses of International Watercourses, UN Doc. A/CN.4/332 and Add.1 (1980), reprinted in [1980] 2 Y.B. Int'l L. Comm'n 159, UN Doc. A/CN.4/ SER.A/1980/Add. 1 (Part 1).

Schwebel, Stephen M. (1979) First Report on the Law of the Non-Navigational Uses of International Watercourses, UN Doc. A/CN.4/320 and Corr.1 (1979), reprinted in [1979] 2 Y.B. Int'l L. Comm'n 142, UN Doc. A/CN.4/SER.A/1979/Add.1 (Part 1).

Sindico, F. and Hawkins, S. (2015) "The Guarani Aquifer Agreement and Transboundary Aquifer Law in the SADC: Comparing Apples and Oranges?" Review of European, Comparative & International Environmental Law, Vol. 24(3), pp. 318–329.

Sophocleous, Marios (2004) "Climate Change: Why Should Water Professionals Care?" Ground Water, Vol. 42(5), p. 637.

Sophocleous, Marios (2002) "Interactions Between Groundwater and Surface Water: The State of the Science," Hydrogeology Journal, Vol. 10, pp. 52–67.

Sydykov, G. S. and Veselov, V. V. (1993) "Water Ecological Situation Changes of the Arial Sea Basin Under the Influence of Intensive Agricultural Development," in Eckstein, Y. and Zaporozec, A. (eds) Environmental Impact of Agricultural Activities, Proceedings of the 2nd USA/CIS Joint Conference on Environmental Hydrology and Hydrogeology, Alexandria, VA: Water Environment Federation.

Tanzi, A. and Kolliopoulos, A. (2015) "The International Water Law Process and Transboundary Groundwater: Supplementing the Water Convention with the 2012 UNECE Model Provisions," in Tanzi, A. et al. (eds) The UNECE Convention on the Protection and Use of Transboundary Watercourses and International Lakes: Its Contribution to International Water Cooperation, Leiden, The Netherlands: Brill Nijhoff.

United Nations-ESCWA and BGR (2013) Ch. 10: "Saq-Ram Aquifer System (West)," in United Nations-ESCWA and BGR (eds) Inventory of Shared Water Resources in Western Asia, pp. 297–316.

United Nations General Assembly (2008) The Law of Transboundary Aquifers, UNGA Resolution A/RES/63/124, December 11.

United Nations General Assembly (1970) Progressive Development and Codification of the Rules of International Law Relating to International Watercourses, UNGA Resolution 2669.

United Nations General Assembly Official Records (2006) Report of the International Law Commission on the Work of its Fifty-Eighth Session, Shared Natural Resources, 61st Session, Supplement No. 10, A/61/10.

United Nations International Law Commission (2008) Report of the International Law Commission on the Work of Its Sixtieth Session, UN GAOR, 62d Sess., Supp. No. 10, at 19, UN Doc. A/63/10.

United Nations International Law Commission (2004) Report of the International Law Commission on the Work of Its Fifty-Sixth Session, Shared Natural Resources, UN GAOR, 59th Sess. Supp. No. 10, UN Doc. A/59/10.

United Nations International Law Commission (1994a) Report of the International Law Commission on the Work of Its Forty-Sixth Session, The Law of the Non-Navigational Uses of International Watercourses, UN Doc. A/49/10.

United Nations International Law Commission (1994b) "Resolution on Confined Transboundary Ground Water," in United Nations International Law Commission, Report of the International Law Commission on the Work of its Forty-Sixth Session, The Law of the Non-Navigational Uses of International Watercourses, UN Doc. A/49/10.

United Nations International Law Commission (1993a) Report of the International Law Commission on the Work of its Forty-Fifth Session, The Law of the Non-Navigational Uses of International Watercourses, A/CN.4/ SER.A/1993/Add.1 (Part 1).

United Nations International Law Commission (1993b) Report of the International Law Commission on the Work of its Forty-Fifth Session, The Law of the Non-Navigational Uses of International Watercourses, A/CN.4/SER.A/1993/Add.1 (Part 2).

United Nations International Law Commission (1993c) Summary Records of the 2322nd Meeting, The Law of the Non-Navigational Uses of International Watercourses, UN Doc. A/CN.4/L.489.

United Nations International Law Commission (1991) Report of the International Law Commission on the Work of Its Forty-Third Session, 29 April–19 July 1991, Official Records of the General Assembly, Forty-Sixth Session, Supplement No. 10, UN Doc. A/46/10.

United Nations International Law Commission (1987) The Law of the Non-Navigational Uses of International Watercourses, Summary Records of the 2003rd Meeting, 1 Y.B. Int'l L. Comm'n 67, UN Doc. A/CN.4/ SER.A/1987.

United Nations International Law Commission (1980) Report of the International Law Commission on the Work of Its Thirty-Second Session, 5 May–25 July 1980, Official Records of the General Assembly, Thirty-Fifth Session, Supplement No. 10, UN Doc. A/35/10.

United Nations International Law Commission (1979) Summary Records of the 1577th Meeting, 1 Y.B. Int'l Comm'n, UN Doc. A/CN.4/SER.A/1979.

United Nations International Law Commission (1974) Report of the International Law Commission on the Work of Its Twenty-Sixth Session, 6 May–26 July 1974, Official Records of the General Assembly, Twenty-Ninth Session, Supplement No. 10, UN Doc. A/9610/Rev.1.

United Nations Secretary-General (1963) Legal Problems Relating to the Utilization and Use of

International Rivers, UN Doc. A/5409.

US Environmental Protection Agency (2007) Record of Decision, Griggs and Walnut Ground Water Plume Superfund Site.

US Geological Service (2016) Frequently-Asked Questions on FGDC Metadata (last modified December 29, 2016), available at http://geology.usgs.gov/tools/metadata/tools/doc/faq.html#q1.1.

US Geological Service (2010) Divisions of Geologic Time—Major Chronostratigraphic and Geochronologic Units, Fact Sheet 2010–3059, July, available at https://pubs.usgs.gov/fs/2010/3059/pdf/FS10-3059.pdf.

Van Weert, Frank (2009) Global Overview of Saline Groundwater Occurrence and Genesis, IGRAC Report GP-2009–1.

Vengosh, A. et al. (2004) "Natural Boron Contamination in Mediterranean Groundwater," Geotimes, Vol. 49, pp. 20–25.

Villar, P. C. and Ribeiro, W. C. (2013) "The Agreement on the Guarani Aquifer: Cooperation Without Conflict," in Grafton, R. Q. et al. (eds) Global Water Issues and Insights, pp. 69–76, Camberra: Australian National University.

Watson, Alan (2011) The Digest of Justinian, Vol. 3, University of Pennsylvania Press.

Wolf, Aaron T. (2002) Atlas of International Freshwater Agreements, Nairobi, Kenya: United Nations Environment Programme.

World Bank (2015) A Water-secure World for All. Water for Development: Responding to the Challenges, Washington, DC: The World Bank, available at http://documents.worldbank.org/curated/en/2015/09/24987199/water-secure-world-all-water-development-responding-challenges.

World Bank (2010) Deep Wells and Prudence: Towards Pragmatic Action for Addressing Groundwater Overexploitation in India, available at http://siteresources.worldbank.org/INDIAEXTN/Resources/295583–1268190137195/DeepWellsGroundWaterMarch2010.pdf.

World Bank (2009) The Guarani Aquifer Initiative—Towards Realistic Groundwater Management in a Transboundary Context, Case Profile Collection No. 9, The World Bank, Washington, DC, available at http://siteresources.worldbank.org/INTWAT/Resources/GWMATE_English_CP_09.pdf.

World Health Organization (2016) Fact Sheet, Arsenic, updated June 2016, available at www.who.int/mediacentre/factsheets/fs372/en/.

World Water Assessment Programme (2003) World Water Development Report: Water For People, Water For Life, UN Sales No. 92–3-103881–8.

Wouters, P. and Moynihan, R. (2013) "Benefit Sharing in the UN Watercourses Convention and under International Water Law," in Rocha Loures, F. and Rieu-Clarke, A. (eds) The UN Watercourses Convention in Force: Strengthening International Law for Transboundary Water

Management, London: Routledge.

Yamada, Chusei (2004) Second Report on Shared Natural Resources: Transboundary Groundwaters, UN Doc. A/CN.4/539.

Zabarenko, Deborah (2011) "Water Use Rising Faster than World Population," Reuters, October 25.

附 录*

以下内容包含了联合国国际法委员会在其第六十届会议上（2008年）通过的《跨界含水层法条款草案》文本，并作为委员会报告的一部分提交给了联合国大会，以涵盖该届会议的工作，该报告收录于 Official Records of the General Assembly, Sixty-Third Session, Supplement No. 10 (A/63/10)。

A 《跨界含水层法》

意识到全世界所有区域维持生命的地下水资源对人类的重要性，

铭记《联合国宪章》第十三条第一项（子）款，其中规定大会应发起研究，并给出建议，以促进国际法的稳步发展与编纂，

回顾大会1962年12月14日关于对自然资源永久主权的第1803（XVII）号决议，

重申1992年联合国环境与发展会议在《关于环境与发展的里约宣言》和《21世纪议程》中通过的原则和建议，

考虑到对淡水不断增长的需求和保护地下水资源的必要性，

念及含水层易受污染而引起的特定问题，

深信必须确保在为今世后代促进以最佳和可持续方式开发水资源的框架内开发、利用、养护、管理和保护地下水资源，

---

* 附录中《条款草案》的翻译部分参考了《国际涉水条法研究》一书。
孔令杰，田向荣. 国际涉水条法研究[M]. 北京：中国水利水电出版社，2011：222-227. ——译者

申明该领域国际合作和睦邻友好关系的重要性，

强调必须考虑到发展中国家的特殊状况，

认识到促进国际合作的必要性。

第一部分　引言

第1条　范围

本条款草案适用于：

（a）跨界含水层或含水层系统的利用；

（b）对此种含水层或含水层系统具有影响或有可能产生影响的其他活动；以及

（c）此种含水层或含水层系统的保护、保全和管理措施。

第2条　用语

为本条款草案的目的：

（a）"含水层"是指位于透水性较弱的地层之上的渗透性含水地质构造，以及该地质构造饱和带所含的水；

（b）"含水层系统"是指水力上有关联的两个或两个以上的含水层；

（c）"跨界含水层"或"跨界含水层系统"分别是指其组成部分位于不同国家的含水层或含水层系统；

（d）"含水层国"是指跨界含水层或含水层系统的任何组成部分位于其领土内的国家；

（e）"跨界含水层或含水层系统的利用"包括提取水、热能和矿物，以及储存和弃置任何物质；

（f）"有补给含水层"是指在当代得到不可忽略的补给水量的含水层；

（g）"补给区"是指向含水层供水的区域，包括雨水汇集区域，以及雨水从地面流入或通过土壤渗入含水层的区域；

（h）"排泄区"是指含水层中的水流向诸如水道、湖泊、绿洲、湿地或海洋等出口的区域。

第二部分　一般原则

第 3 条　含水层国的主权

各含水层国对跨界含水层或含水层系统位于其境内的部分拥有主权。含水层国应按照国际法和本条款行使主权。

第 4 条　公平合理利用

含水层国应按照下述公平合理利用原则利用跨界含水层或含水层系统：

（a）含水层国应以符合相关含水层诸国公平合理从中获益的方式利用跨界含水层或含水层系统；

（b）含水层国应谋求从含水层水的利用中获取最大的长期惠益；

（c）含水层国应基于其目前和将来的需要及替代水源的考虑，单独或联合制定全面的利用规划；以及

（d）含水层国对于有补给跨界含水层或含水层系统的利用程度不应妨碍其持续保持有效功能。

第 5 条　与公平合理利用相关的因素

1. 依照第 4 条所述的公平合理方式利用跨界含水层或含水层系统，须考虑到所有相关因素，包括：

（a）每个含水层国依赖含水层或含水层系统生活的人口；

（b）有关含水层国目前和未来的社会、经济及其他需要；

（c）含水层或含水层系统的自然特性；

（d）对含水层或含水层系统的形成和水量补给所起的作用；

（e）含水层或含水层系统的现有和潜在利用；

（f）一个含水层国利用含水层或含水层系统对其他相关含水层国的实际和潜在影响；

（g）有无替代办法可取代含水层或含水层系统的某一现有和已规划的利用；

（h）对含水层或含水层系统的开发、保护和养护，以及为此而采取的措施的代价；

（i）含水层或含水层系统在有关生态系统中的作用。

2. 对每个因素的权衡应根据该因素对特定跨界含水层或含水层系统的重要性与其他相关因素的重要性相比较而定。在确定何谓公平合理利用时，应综合考虑所有

相关因素，并根据所有因素得出结论。但在权衡对跨界含水层或含水层系统不同类别的利用时，应特别重视人的基本需要。

第6条 不造成重大损害的义务

1. 含水层国在本国境内利用跨界含水层或含水层系统时，应采取一切适当措施，防止对其他含水层国或排泄区所在的其他国家造成重大损害。

2. 含水层国在从事利用跨界含水层或含水层系统以外的活动，但对该跨界含水层或含水层系统具有影响或可能产生影响时，应采取一切适当措施，防止通过该含水层或含水层系统对其他含水层国或排泄区所在的其他国家造成重大损害。

3. 如果含水层国的活动对其他含水层国或排泄区所在的国家造成重大损害，该含水层国应适当注意第4条和第5条的规定，与受影响国进行协商，并采取一切适当应对措施消除或减轻这种损害。

第7条 一般合作义务

1. 含水层国应在主权平等、领土完整、可持续发展、互利和善意的基础上进行合作，以实现跨界含水层或含水层系统的公平合理利用和适当保护。

2. 为第1款的目的，含水层国应设立联合合作机制。

第8条 数据和资料的定期交换

1. 根据第7条，含水层国应定期交换关于其跨界含水层或含水层系统状况的现成数据和资料，特别是地质、水文地质、水文、气象和生态性质、与含水层或含水层系统的水文化学有关的数据和资料，以及相关预报。

2. 如对一跨界含水层或含水层系统的性质和范围了解不够，有关各含水层国应考虑现行做法和标准，尽力收集和提供有关此含水层或含水层系统的更完整的数据和资料。有关各含水层国应单独或共同采取这种行动，并酌情协同或通过国际组织采取这种行动。

3. 如一含水层国请求另一含水层国提供关于含水层或含水层系统的非现成数据和资料，后者应尽力满足该请求。被请求国可附带条件，要求请求国支付收集和酌情处理这种数据或资料的合理费用。

4. 含水层国应酌情尽力收集和处理数据和资料，以便接收这种数据和资料的其他含水层国予以利用。

第 9 条　双边和区域协定和安排

为管理特定跨界含水层或含水层系统的目的,鼓励含水层国相互订立双边或区域协定或安排。含水层国可就整个含水层或含水层系统或其中任何部分或某一特定项目、方案或利用活动订立此种协定或安排,除非此种协定或安排对一个或多个其他含水层国利用该含水层或含水层系统的水资源造成重大不利影响,而未经其明示同意。

第三部分　保护、保全和管理

第 10 条　生态系统的保护和保全

含水层国应采取一切适当措施,保护和保全跨界含水层或含水层系统内的生态系统或依赖这些含水层或含水层系统生存的生态系统,包括采取措施确保含水层或含水层系统所保留的水,以及经排泄区排出的水的质量和数量足以保护和保全这些生态系统。

第 11 条　补给区和排泄区

1. 含水层国应查明其境内存在的跨界含水层或含水层系统的补给区和排泄区,并应采取适当措施,防止和最大限度减少对补给和排泄过程的有害影响。

2. 补给区或排泄区全部或部分位于其境内而相对于有关含水层或含水层系统而言不属于含水层国的所有国家,应与含水层国合作,保护该含水层或含水层系统。

第 12 条　防止、减少和控制污染

含水层国应单独并酌情联合防止、减少和控制可能给其他含水层国造成重大损害的跨界含水层或含水层系统的污染,包括通过补水过程造成的污染。鉴于跨界含水层或含水层系统性质和范围的不确定性及其容易受到污染的特性,含水层国应采取审慎态度。

第 13 条　监测

1. 含水层国应监测其含水层或含水层系统。含水层国应尽可能与其他有关含水层国联合开展监测活动,并酌情与主管国际组织协作开展这种活动。含水层国如果无法联合开展监测活动,应相互交换监测所得的数据。

2. 含水层国应使用商定或统一的标准和方法监测其跨界含水层或含水层系统。含水层国应以含水层或含水层系统的商定概念模型为基础，确定须监测的重要参数。这些参数应包括第 8 条第 1 款所列的含水层或含水层系统的状况参数，以及含水层或含水层系统的利用情况参数。

第 14 条　管理

含水层国应制订并执行妥善管理跨界含水层或含水层系统的计划。含水层国应根据它们中任何一国的请求，就跨界含水层或含水层系统的管理进行协商。应酌情建立联合管理机制。

第 15 条　已规划的活动

1. 如果一国有合理理由认为，其境内某一已规划的活动可能对跨界含水层或含水层系统造成影响，因而可能对另一国造成重大不利影响，则该国应在切实可行的情况下，对此活动可能造成的影响进行评估。

2. 一国在实施或允许实施可能影响跨界含水层或含水层系统，因而可能对另一国造成重大不利影响的已规划的活动之前，应将此事及时通知该国。在发出此种通知时应附上现有的技术数据和资料，包括任何环境影响评估，以便被通知国能够评价已规划的活动可能造成的影响。

3. 如果通知国和被通知国对已规划的活动可能造成的影响有异议，双方应进行协商，并在必要时进行谈判，以期公平解决问题。双方可利用独立的事实调查机构对已规划的活动的影响作出公正评估。

第四部分　杂项规定

第 16 条　与发展中国家的技术合作

各国应直接或通过主管的国际组织，促进与发展中国家在科学、教育、技术、法律和其他方面的合作，以保护和管理跨界含水层或含水层系统。此种合作除其他外，包括：

（a）加强其在科学、技术和法律领域的能力建设；

（b）便利其参与相关国际方案；

（c）向其提供必要的设备和设施；

（d）提高其制造这种设备的能力；

（e）为研究、监测、教育和其他方案提供咨询意见并开发此类设施；

（f）为最大限度减少重大活动对跨界含水层或含水层系统的有害影响提供咨询意见并开发此类设施；

（g）为编写环境影响评估报告提供咨询意见；

（h）支持发展中国家相互交流技术知识和经验，以增强他们在管理跨界含水层或含水层系统方面的合作。

第17条 紧急情况

1. 为本条的目的，"紧急情况"是指由自然原因或人类行为突然引发的情况，影响到跨界含水层或含水层系统，给含水层国或其他国家造成严重损害的威胁迫在眉睫。

2. 境内发生紧急情况的国家应：

（a）毫不迟疑地以现有最快方式，将此一紧急情况通知其他可能受影响的国家及主管国际组织；

（b）与可能受影响的国家合作，并酌情与主管国际组织合作，立即采取情况所需的一切实际可行的措施，预防、减轻和消除紧急情况的任何有害影响。

3. 如果紧急情况对人的基本需求构成威胁，尽管有第4条和第6条的规定，含水层国仍可在严格必要的限度内，采取措施满足这些需求。

4. 各国应在科学、技术、后勤和其他方面与受紧急情况影响的其他国家合作。合作可包括协调国际应急行动和通信，提供应急人员、应急设备和用品、科技专业知识和人道主义援助。

第18条 武装冲突期间的保护

跨界含水层或含水层系统及相关装置、设施和其他工程应享有适用于国际性和非国际性武装冲突的国际法原则和规则所给予的保护，并且不得以违反这些原则和规则的方式加以使用。

第19条 对国防或国家安全至关重要的数据和资料

本条款无任何规定责成一国提供对其国防或国家安全至关重要的数据或资料。尽管如此，各国应同其他国家善意合作，视情况尽可能提供资料。

B 《联合国欧洲经济委员会跨界地下水示范条款》

以下内容包含了由 1992 年《联合国欧洲经济委员会保护与使用跨界水道和国际湖泊公约》缔约方会议通过的《联合国欧洲经济委员会跨界地下水示范条款》文本。

第 1 条

1. 各缔约方在利用跨界地下水或进行任何以某种方式影响跨界地下水的活动时，应采取一切适当措施，以防止、控制和减少任何跨界影响。

2. 缔约方应以公平合理的方式利用跨界地下水，考虑到包括在双边协定中适用的所有相关因素。

第 2 条

1. 缔约方应以可持续的方式利用跨界地下水，以最大限度地增加其长期收益，并保护依赖地下水的生态系统。

2. 为此，缔约方应充分考虑地下水资源的功能、地下水储藏的水量和水质及其补给率，尽最大努力防止地下水储量降至临界水平。

第 3 条

1. 缔约方应共同确定、划定和描述其跨界地下水。他们还应努力制定共同的概念模型，其详细程度取决于系统的复杂性和其所受的压力。

2. 缔约方应订立跨界地下水水量和水质的联合监测与评估方案。为此，他们应当：

（a）使用共同或协调的标准和方法；

（b）就定期监测的评估标准和关键参数达成一致，考虑地下水的特定特征；

（c）建立与地表水监测相关联的地下水监测网络（在适当的情况下）；

（d）制定合适的水文地质图，包括脆弱性图和数学模型（在适当的情况下）。

第 4 条

缔约方应就其跨界地下水和地表水的综合管理开展合作。

第 5 条

1. 缔约方应采取适当措施，防止、控制和减少跨界地下水的污染，特别是那些供应饮用水的地下水。在这方面，他们应遵循预防原则，鉴于地下水容易受到污染，特别是在对跨界地下水的性质和范围可能存在不确定性的情况下。

2. 这些措施，除其他外，应包括：

（a）在地下水补给区的最脆弱 / 最关键部分，特别是用于供应饮用水的地下水，建立保护区；

（b）采取措施防止或限制污染物排放到地下水中，如来自点源的地下水负面影响；

（c）规范土地利用，包括密集的农业活动，以防止地下水受到硝酸盐和植物保护剂污染的强化农业实践；

（d）确定地下水水质目标并制定地下水水质标准。

第 6 条

缔约方应订立安排，以交换有关跨界地下水状况的信息和可用数据，包括第 3 条中所规定参数的可用数据及跨界地下水利用状况的信息。

第 7 条

1. 缔约方应在适当的情况下，订立和执行跨界地下水的管理计划（在适当的情况下）。

2. 这些管理计划，除其他外，应包括：

（a）考虑到所有相关因素，包括当前和未来的需求，以及依赖地下水的生态系统需求，分配水资源利用；

（b）记录抽水量，并规定对抽水和人工补给进行事先行政授权的要求；

（c）规定抽水限制，特别是以年抽水总量的量化形式和新水井及其他抽水设施的布置标准；

（d）制定维护和恢复地下水水量和水质的措施方案。

第 8 条

1. 可能对跨界地下水产生重大影响并因此对另一缔约方产生不利影响的所有计划活动，应进行环境影响评估程序。此外，计划活动的原缔约方应尽早通知另一缔约方，并在后者希望的情况下，提供环境影响评估文件并与该缔约方进行协商。

2. 第 1 款的义务适用于跨界含水层的大规模抽水或重大人工地下水补给计划等情况。

3. 缔约方应采取措施，旨在提高公众对跨界地下水状况的认识，确保公众获取信息、参与公共事务和诉诸司法的权利，同时针对第 1 款所提及的活动进行宣传和解释。

第 9 条

为了实施本示范条款的目标和原则并协调其合作，缔约方应建立联合机构。

C 条约、协定及其他国际协议

Abbotsford-Sumas Aquifer International Task Force, British Columbia Ministry of Environment: Water Stewardship Division, available at www.env.gov.bc.ca/wsd/plan_protect_sustain/groundwater/aquifers/absumas.html.

Agreement between the Federal Republic of Nigeria and the Republic of Niger concerning the equitable sharing in the development, conservation and use of their common water resources. Done at Maiduguri, July 18, 1990.

Agreement between the Government of the Federal Republic of Yugoslavia and the Government of the Hungarian People's Republic together with the Statute of the Yugoslav-Hungarian Water Economic Commission. Signed at Belgrade on August 8, 1955.

Agreement between the Government of the Federal Republic of Yugoslavia and the Government of the People's Republic of Albania Concerning Water Economy Questions, Together With the Statue of the Yugoslav-Albanian Water Economic Commission and With the Protocol Concerning Fishing in Frontier Lakes and Rivers. Signed at Belgrade December 5, 1956; in force August 6, 1957.

Agreement between the Government of the Hashemite Kingdom of Jordan and the Government of the Kingdom of Saudi Arabia for the Management and Utilization of the Ground Waters in the Al-Sag/Al-Disi Layer. Done in Riyadh April 30, 2015.

Agreement between the Governments of Great Britain and France with regard to the Somali Coast. Done in February 1888.

Agreement Concerning Frontier Rivers, Fin.–Swed., 825 UNTS 191. Done on September 16, 1971.

Agreement Concerning Water Economy Questions Between the Government of the Federal Republic of Yugoslavia and the People's Republic of Bulgaria. In force April 4, 1958.

Agreement Concerning the Use of Water Resources in Frontier Waters, Czech Republic–Poland, 523 UNTS 89. At Art. 2(1)(b). Done on March 21, 1958.

Agreement Regarding the Definition of the Frontier-Line Between Persia and Turkey, with Exchange of Notes. Done in Teheran, January 23, 1932.

Charter of the United Nations. Done in San Francisco, October 24, 1945.

Convention and Statutes Relating to the Development of the Chad Basin. Done on May 22, 1964.

Convention Concerning the Protection of Italo-Swiss Waters Against Pollution. Done in Rome April 20, 1972.

Convention on the Cooperation for the Protection and Sustainable Use of the Danube River, 1994.

Convention relative a la protection, a l'utilisation, a la realimentation et au suivi de la Nappe Souterraine Franco-Suisse du Genevois [Convention on the Protection, Utilization, Recharge and Monitoring of the Franco-Swiss Genevese Aquifer]. In force January 1, 2008.

Egyptian-Italian treaty (Jaghbub) on the Boundary Between Cyrenaica and Egypt. Done on December 6, 1925. Reprinted in Hurewitz, J. C. (1979) The Middle East and North Africa in World Politics: A Documentary Record. Vol.2. British-French supremacy, 1914–1945, Yale University Press.

Establishment of a Consultation Mechanism for the Northwestern Sahara Aquifer System (SASS), 2002.

European Outline Convention on the Transfrontier Cooperation between Territorial Communities or Authorities. Done on May 21, 1980.

Exchange of Notes constituting an Agreement between the British and French Governments respecting the boundary line between Syria and Palestine from the Mediterranean to El Hammé. Done February 3, 1922–March 7, 1923.

Final Act of the Congress of Vienna. Done on June 9, 1815. Reprinted in Oakes, Sir Augustus and Mowat, R. B. (eds) (1970) The Great European Treaties of the Nineteenth Century, London: Oxford.

Memorandum of Agreement Related to Referral of Water Right Applications between the State of Washington, Department of Ecology and the Province of British Columbia, Minister of Environment, Lands and Parks. Done on October 10, 1996, available at http://internationalwaterlaw.org/documents/regionaldocs/Local-GW-Agreements/1996-BC-WA-Water-Right-Referral-Agreement.pdf.

Memorandum of Understanding between City of Juárez, Mexico Utilities and the El Paso Water Utilities Public Services Board (PSP) of the City of El Paso, Texas. Done on December 6, 1999, available at www.internationalwaterlaw.org/documents/regionaldocs/Local-GW-Agreements/El_

Paso-Juarez_MoU.pdf.

Memorandum of Understanding for the Establishment of a Consultation Mechanism for the Integrated Management of the Water Resources of the Iullemeden, Taoudeni/Tanezrouft Aquifer Systems (ITAS) (Algeria, Benin, Burkina Faso, Mali, Mauritania, Niger, Nigeria). 2nd Council of Ministers of Gicresait Project, Abuja, Nigeria. Done on March 28, 2014.

Minute 242: Permanent and Definite Solution to the International Problem of the Salinity of the Colorado River. International Boundary and Water Commission. Done on August 30, 1974, available at www.ibwc.gov/Files/Minutes/Min242.pdf.

Model Provisions on Transboundary Groundwaters, UN Doc. ECE/MP.WAT/2012/L.5, September 14, 2012.

Notes exchanged between the United Kingdom and France agreeing to the ratification of the protocol defining the boundary between French Equatorial Africa and the Anglo-Egyptian Soudan, together with the Protocol, London. Done January 21, 1924.

Permanent Sovereignty over Natural Resources, GA Res. 1803 (XVII), 17 UN GAOR Supp. (No.17), UN Doc. A/5217 (1962).

Programme for the Development of a Regional Strategy for the Utilisation of the Nubian Sandstone Aquifer System (NSAS)—Terms of Reference For the Monitoring and Exchange of Groundwater Information of the Nubian Sandstone Aquifer System. Done in Tripoli on October 5, 2000.

Revised Protocol on Shared Watercourses in the Southern African Development Community, 2000.

State treaty between the Grand Duchy of Luxembourg and the Land Rhineland-Palatinate in the Federal Republic of Germany Concerning Construction of a Hydro-electric Power-plant on the Sauer (Sûre) at Rosport/Ralingen. Done on April 25, 1950.

Statutes of the International Law Commission (1947).

Treaty of Limits between Portugal and Spain. Done on September 29, 1864.

Treaty of Peace Between the State of Israel and the Hashemite Kingdom of Jordan, Annex II: Water and Related Matters. Done on October 26, 1994.

Treaty of Peace with Germany. Done on June 28, 1919 (better known as "Treaty of Versailles").

Treaty of Peace with Italy, USSR–UK–US–Fr.–Austl. Done on February 19, 1947. 61 Stat. 1245, 80th Cong., 1st Sess., 49 UNTS 3.

UN Convention on the Non-Navigational Uses of International Watercourses, GA Res. 51/229. Done on May 21, 1997.

UN Economic Commission for Europe, Decision VI/2, Model Provisions on Transboundary Groundwaters, in: Report of the Meeting of the Parties on its Sixth Session—Addendum: Decisions and Vision for the Future of the Convention, UN Doc. ECE/MP.WAT/37/Add.2, September 19, 2013.

Vienna Convention on the Law of Treaties, May 23, 1969, 1155 UNTS 331. In force on January 27, 1980.

D 案件

Acton v. Blundell, 152 Eng. Rep. 1223, 1231 (Ex. Cham. 1843).

Case Concerning the Gab ? ikovo-Nagymaros Project, International Court of Justice (Hungary v. Slovakia) (1997), Separate Opinion of Judge Weeramantry, Judgment of September 25, 1997.

Case Concerning the Pulp Mills on the River Uruguay, International Court of Justice (Argentina v. Uruguay) (2010), Judgment of April 20, 2010.

Case Concerning the North Sea Continental Shelf, International Court of Justice (Germany v. Denmark; Germany v. Netherlands) (1969) (dissenting opinion of Judge Lachs).

Chatfield v. Wilson, 28 Vt. 49, 54 (1855).

Decision of the Supreme Court of Justice of Costa Rica, Constitutional Chamber, Voto N. 10–006922 (April 16, 2010).

Edwards Aquifer Authority v. Day, 369 S.W.3d 814 (Tex. 2012).

Frazier v. Brown, 12 Ohio St. 294, 311 (1861).

Meeker v. City of East Orange, 74 A. 379 (NJ 1909).

New York Continental Jewell Filtration Co. v. Jones, 37 App. D.C. 511 (1911).

Perkins v. Kramer, 423 P.2d 587 (Mont. 1966) (quoting Chatfield v. Wilson, 28 Vt. 49 (1855)).

Spear T. Ranch, Inc. v. Knaub, 691 N.W.2d 116, 128 (Neb. 2005).

Württemberg and Prussia v. Baden (the Donauversinkung case), German Staatsgerichtshof (June 18, 1927).

译者补充说明

译者注由郭钰和武汉大学中国边界与海洋研究院申斯博士添加,以辅助读者理解文章内容。